जब मैं दक्षिण अफ्रीका में थी तो रोज़ कुछ न कुछ लिखा करती थी और लिखकर बेहद हल्का महसूस होता था। तब सोचा नहीं था कि यह लिखना इतना अधिक और रेगुलर हो जायेगा कि आगे चलकर इसे प्रकाशित करवाने की सोचूँगी।

पहली बार इस डायरी का जिक्र मैंने 'नयी धारा' के सम्पादक श्री शिव नारायण से किया था। उन्होंने इसे धारावाहिक रूप में छापने का प्रस्ताव रखा और उसे तीन भागों में 'नयी धारा' में छापा।

पाठकों को यह डायरी बहुत पसन्द आयी और इसे 'नयी धारा रचना सम्मान 2022' से सम्मानित होने का सौभाग्य प्राप्त हुआ।

बाद में मैंने उसे थोड़ा और संशोधित किया और अब यह सुधी पाठकों के सामने है।

मैं वाणी प्रकाशन ग्रुप की शुक्रगुज़ार हूँ कि उन्होंने मेरी व्यस्तता के बावजूद इसे छापने की कटिबद्धता बनाये रखी और समय-समय पर मुझे स्मरण कराया कि कृपया इसे यथाशीघ्र प्रकाशित करवायें।

अब कोरोना अतीत की बात हो चुकी है। चार साल बीत चुके हैं। प्रकाशन में जो भी देरी हुई उसकी ज़िम्मेदार मैं और मेरी व्यस्तता है। आशा है कि पाठक इसे संस्मरण की तरह मनोरंजक और उपयोगी पायेंगे और कोरोना की विभीषिका से यह डायरी दूरदर्शी अल्बम की तरह सारे अच्छे-बुरे दृश्यों को प्रस्तुत करने में सफल होगी।

आप सभी की प्रतिक्रिया की मुझे प्रतीक्षा रहेगी।

— अंजु रंजन

एक राजनयिक की कोरोना डायरी

अंजु रंजन

वाणी प्रकाशन
प्रकाशन के उत्कृष्टतम 63 वर्ष

पेपरबैक प्रथम संस्करण : 2026

vaniprakashan.com

वाणी प्रकाशन

4695, 21-ए, दरियागंज, नयी दिल्ली-110 002

फ़ोन : + 91 11 23273167, 23275710

शाखाएँ

अशोक राजपथ, पटना-800 004, बिहार

कॉफ़ी हाउस कैम्पस, महात्मा गांधी मार्ग, प्रयागराज-211 001, उत्तर प्रदेश

महात्मा गांधी अन्तरराष्ट्रीय हिन्दी विश्वविद्यालय, वर्धा-442 001, महाराष्ट्र

sales@vaniprakashan.in
vaniprakashan@gmail.com

Ek Rajnayik Ki Corona Diary
by Anju Ranjan

ISBN : 978-93-6944-723-7

Diary

मूल्य : ₹ 395

जी.एस. ऑफ़सेट, दिल्ली-110 095 में मुद्रित

वाणी प्रकाशन का लोगो मक़बूल फ़िदा हुसैन की कूची से

कोरोना के योद्धाओं को
जो जीते या हारे
पर लड़े और लड़ते रहे...

प्राक्कथन

कोरोना महामारी ने पूरी दुनिया को भीतर तक झकझोर कर रख दिया। यह मानव इतिहास का एक ऐसा दौर था जो भय, पीड़ा और अनिश्चितता से भरा हुआ था। यह समय लगभग मार्च 2020 से शुरू हुआ, जब कोरोना वायरस ने पूरी दुनिया को अपनी चपेट में ले लिया। लाखों लोग इससे संक्रमित हुए और अनेक अपनी जान गँवा बैठे। हालाँकि, समसामयिक हिन्दी साहित्य में कोरोना काल पर बहुत कम लिखा गया है, फिर भी कुछ संवेदनशील लेखकों ने अपने अनुभवों को शब्दों में ढालकर भावी पीढ़ियों के लिए इन्हें सुरक्षित किया है। प्रस्तुत संस्मरण 'एक राजनयिक की कोरोना डायरी' उन्हीं दुर्लभ प्रयासों में से एक है, जो उस दौर की एक सजीव झलक प्रस्तुत करता है।

इस बेहद कठिन समय के दौरान लेखिका, जो भारतीय विदेश सेवा की एक वरिष्ठ अधिकारी हैं, दक्षिण अफ्रीका के जोहानसबर्ग में काउंसल जनरल के पद पर कार्यरत थीं। संस्मरण के आरम्भ में ही हमें पता चल जाता है कि विदेश में नियुक्त एक वरिष्ठ आईएफएस अधिकारी की आम दिनचर्या इतनी व्यस्त होती है कि मनमाफिक वीकेंड बिताना भी उन्हें एक सपने जैसा लगता है। आमतौर पर सप्ताहांत में भी वे इतने व्यस्त रहते हैं कि छोटी-छोटी बातों के लिए भी अपनी पसन्द के हिसाब से वक्त नहीं निकाल पाते। लेखिका ने शुरुआत में ही बेहद रोचक अंदाज़ में और पूरी तफ़सील से बताया है कि अगर मुमकिन होता तो वह किस तरह अपना वीकेंड बिताना पसन्द करतीं। पर अफसोस! एक "चौबीस घंटे के सरकारी नौकर" के लिए यह मुमकिन कहाँ। लेखिका की मनोस्थिति को देखकर अनायास ही 'मौसम' फिल्म का गीत "दिल ढूँढ़ता है फिर वही फुर्सत के रात-दिन" याद आ जाता है।

हम सहज ही कल्पना कर सकते हैं कि जब आम समय में इन अधिकारियों की दिनचर्या इतनी थका देने वाली होती है तो कोरोना काल के कठिन समय में वहाँ क्या हालात रहे होंगे। यह संस्मरण इन्हीं मुश्किल हालातों से हमें रूबरू करता है। वास्तव में यह एक ऐसा जीवन्त दस्तावेज़ है जिसमें लेखिका ने आत्मकथात्मक शैली में न केवल अपने व्यक्तिगत अनुभवों को साझा किया है, बल्कि उस दौर की आम मानसिकता, डर, अफरा-तफरी और सहानुभूति को भी शब्दबद्ध किया है। अत्यन्त भावनात्मक शैली में और पूरी ईमानदारी के साथ यहाँ उन सभी घटनाओं को प्रस्तुत किया गया है जिनका सामना लेखिका ने इस मुश्किल वक्त में किया। विदेश में फँसे यात्रियों की मनोदशा, सगे-सम्बन्धियों से दूरी, किसी प्रियजन की मृत्यु, अस्पतालों की भयावहता, लॉकडाउन का सूनापन और संकट में मदद के लिए हाथ बढ़ाने की घटनाएँ–सब कुछ यहाँ अत्यन्त सजीवता के साथ चित्रित किया गया है।

कोरोना के संक्रमण को रोकने के लिए पूरी दुनिया में लॉकडाउन लगाया गया। स्कूल, दफ्तर, बाज़ार, धार्मिक स्थल–सब बन्द हो गये। लोग अपने घरों में कैद होकर रह गये। काम-धन्धे बन्द हो गये, लाखों लोग बेरोज़गार हो गये। अकेलेपन, अनिश्चितता और भय के कारण मानसिक स्वास्थ्य पर गहरा असर पड़ा। जोहानसबर्ग में भी लॉकडाउन के दौरान लेखिका को अनेक विविधतापूर्ण अनुभव हुए। पहले ही दिन 'स्वादिष्ट भारत' के मालिक और कृत भाई के साथ हुआ तल्ख अनुभव, दूसरे दिन पराँठे बनाने के चक्कर में "कंगाली में आटा गीला" नामक नयी डिश का आविष्कार और किसी अन्य दिन कीड़े वाले जीरा-राइस परोसने की मजबूरी, लॉकडाउन के दौरान मुर्गीपालन का असफल प्रयास–ऐसे विविध रंगों के असंख्य अनुभव लेखिका को हुए, लेकिन सभी का सामना उन्होंने पूरी शालीनता के साथ किया। कितने ही झुंझलाहट वाले पलों में भी उन्होंने ख़ुद को शान्त बनाये रखा और अपनी विनोदशीलता (सेंस ऑफ ह्यूमर) भी बरकरार रखी।

दक्षिण अफ्रीका में कोरोना का भयानक प्रकोप दिखाई दिया। हर तीसरा व्यक्ति यहाँ कोविड पॉज़िटिव था। भारत से आये कितने ही यात्री यहाँ फँस गये। दक्षिण अफ्रीका से करीब दो हज़ार लोगों को भारत वापस भेजा गया। इन सब व्यवस्थाओं से जुड़ी प्रक्रियाएँ बेहद श्रमसाध्य थीं। ऑफिस के लोग कोरोना से जूझ रहे थे और उन्हें ऑफ़िस के काम भी करने पड़ रहे थे। ख़ुद लेखिका और

उनके बच्चे भी कोविड पॉज़िटिव हो गए। लेखिका का लगभग दस-बारह दिनों तक कोरोना से जूझने का अनुभव बेहद मार्मिक है। उनकी बेबसी, असहायता और लाचारी दिल को छू जाती है। फिर भी उन्होंने कभी हार नहीं मानी और पूरे जीवट और जिजीविषा के साथ स्थिति का सामना करती रहीं, जो कोरोना पर लिखी उनकी कविता की सुन्दर पंक्तियों में व्यक्त होता है–

"इस तनहा अकेलेपन से गुज़र जाने का
यही एक रास्ता है–
पतझड़ से बहार की ओर,
शीत से बसन्त की ओर,
और कोरोना से आरोग्य की ओर...।"

वस्तुतः विषम परिस्थितियों में भी लेखिका ने कभी हिम्मत नहीं हारी। एक अत्यन्त वरिष्ठ अधिकारी होने के बावजूद, उन्होंने अपनी मेड, ड्राइवर और सिक्योरिटी गार्ड जैसे कर्मचारियों के साथ सदा आत्मीयतापूर्ण व्यवहार किया। ऑफ़िस पॉलिटिक्स को समझते हुए भी उन्होंने सबके प्रति क्षमाशीलता का रुख़ अपनाया। अपने कनिष्ठ सहकर्मियों की मुश्किलों के वक्त उन्होंने पारिवारिक सदस्य की तरह उनका ध्यान रखा।

कोरोना काल में सबसे गहरी और असहनीय पीड़ा उन लोगों ने झेली जिन्होंने अपने प्रियजनों को खो दिया। यह केवल एक शारीरिक बीमारी नहीं थी, बल्कि एक भावनात्मक और मानसिक त्रासदी भी थी। अपनों की अचानक मृत्यु ने कई परिवारों को तोड़ कर रख दिया। लोग अपने परिवार के सदस्य को अस्पताल में भर्ती कराते और कुछ ही घंटों या दिनों में उनका निधन हो जाता। कई बार तो उन्हें अन्तिम दर्शन तक नहीं मिल पाते थे। ऐसे ही कई कड़वे अनुभवों का सामना लेखिका को भी करना पड़ा। अपनी कनिष्ठ सहकर्मी अनु नागर से सम्बन्धित संस्मरण में ऐसे ही अनुभव का मार्मिक चित्रण मिलता है। अनु के पति रोहित की मृत्यु ने सबको तोड़कर रख दिया। यहाँ लेखिका ने अपने अपराधबोध और आत्मस्वीकृतियों का भी पूरी ईमानदारी से वर्णन किया है, जो अत्यन्त मर्मस्पर्शी है।

'नीरज भैया' और 'विपिन भैया' से सम्बन्धित अध्यायों का विशेष रूप से उल्लेख किया जाना चाहिए। यहाँ लेखिका ने अत्यन्त चित्रात्मक भाषा में बताया है कि उनके गृह राज्य में रहने वाले सम्बन्धियों पर कोरोना का कितना बुरा प्रभाव

पड़ा। इस बहाने उन्होंने झारखण्ड और बिहार जैसे राज्यों में गरीबी, बेरोज़गारी और अन्य स्थानीय समस्याओं पर भी टिप्पणी की है। इन अध्यायों में प्रयुक्त भाषा में आंचलिकता का पुट है, जो इन्हें विशेष बना देता है। 'झमड़ा' और 'जुवाठ' जैसे शब्दों से स्थानीय रंग, मिट्टी की खुशबू और सांस्कृतिक पहचान भी रचना के साथ जुड़ गई है और भावनाएँ सजीव हो उठी हैं।

यहाँ यह उल्लेख करना भी समीचीन होगा कि लेखिका में अपनी लोक भाषा और संस्कृति के प्रति गहन जुड़ाव है। भारतीय विदेश सेवा से जुड़े अफसरों में प्राय: एक कृत्रिम अभिजात्यता का भाव दिखाई देता है। भाषा के स्तर पर भी वे बहुधा अंग्रेज़ीदाँ ही होते हैं, किन्तु लेखिका इस कृत्रिमता से कोसों दूर हैं। उनकी भाषा और प्रवृत्ति में एक ग्रामीणता का भाव है। उनका दिल अभी भी 'आलू की बिहारी स्टाइल की कुरकुरी भुजिया' और 'लड्डू या जलेबी' के लिए ललचाता है। ब्लैक टी की जगह वे अभी भी ख़ूब मीठी अदरक वाली चाय' में रस लेती हैं।

कुल मिलाकर, इस संस्मरण में लेखिका ने अपने अनुभवों को बहुत आत्मीयता से साझा किया है। ये अनुभव केवल एक व्यक्ति के अनुभव नहीं हैं, बल्कि उस पूरे समय की गूँज हैं जिसे हम सबने किसी न किसी रूप में जिया है। यह लेखन हमें न केवल स्मृतियों से जोड़ता है, बल्कि हमें करुणा, सहयोग और धैर्य जैसे उन मूल्यों की भी याद दिलाता है, जो उस कठिन समय में मानवता की सबसे बड़ी ताकत बने। इस दृष्टि से यह संस्मरण अपने समय का एक आवश्यक और उपयोगी दस्तावेज़ कहा जा सकता है, जो पाठक के दिल पर गहरी छाप छोड़ता है।

—डॉ. विकास वर्मा

अनुक्रम

खण्ड-III

खण्ड-I

कोरोना की शुरुआत

(फरवरी 2020)

दिसम्बर 2019 को मध्य चीन के वूहान प्रान्त के आइसोलेशन की भयंकर तस्वीरों और वीडियो ने सबसे पहले कोरोना वायरस की तरफ़ विश्व का ध्यान आकर्षित किया था। तब किसी को नहीं पता था कि कुछ ही महीनों में यह वायरस विश्व-व्यापी तबाही लेकर आयेगा। 30 जनवरी 2020 को विश्व स्वास्थ्य संगठन ने उसे वैश्विक महामारी घोषित कर दिया था।

इस दौरान, मैं फ़रवरी 2020 में अपनी एक सहकर्मी और सहेली शालिनी के साथ छुट्टियों में भारत जा रही थी। सफर के दौरान, शालिनी को खाँसी-बुख़ार था और वह बेतरह खाँस रही थी।

हमारी सीट पर एक टीवी की अनाउन्सर बैठी थी। जब उसने शालिनी को खाँसते देखा तो उसने सीट बदल ली। तब तक मास्क उतना प्रचलित नहीं था–मैंडटरी होने की तो कल्पना भी नहीं थी।

हम दोनों उसके व्यवहार का बुरा मान गये थे। सहयात्रियों ने भी हमें ही सपोर्ट किया था। इसका एक फ़ायदा यह हुआ कि हम लोग दोनों एक सीट पर बैठ गये और गपशप करते हुए भारत पहुँच गये।

अब लगता है कि अगर हम दोनों एक महीने बाद यही यात्रा कर रहे होते तो हमें कम्पल्सरी क्वॉरंटीन में डाल दिया गया होता। हवाई जहाज़ में भी लोग कोरोना की चर्चा कर रहे थे।

एयरहोस्टेस ने हमें जब अखबार की कॉपी दी तो उसमें भी कोरोना की ही खबरें प्रमुखता से छपी थीं। तस्वीरों में चीन और वहाँ के लोग किस तरह आइसोलेट कर दिये गये हैं। फ़ेसबुक और सोशल मीडिया पर वीडियो थे जिसमें दिखाया गया था कि आइसोलेटड संक्रमित लोगों को किस प्रकार मास्क और

पीपीई किट पहना कर एक कमरे में बन्द कर दिया गया था। उन्हें रोबोट खाना पहुँचा रहा था। यह वीडियो देखकर हम दोनों हँसे भी थे।

विश्व स्वास्थ्य संगठन के मुताबिक़ फरवरी के अन्त तक कोरोना के वैश्विक रूप से 2.7 मिलियन नये मामले दर्ज किये गये थे। हालाँकि पिछले सप्ताह की तुलना में 16% की गिरावट दर्ज की गयी थी। रिपोर्ट की गयी नयी मौतों की संख्या में भी गिरावट आयी थी। हम दोनों जब पच्चीस फ़रवरी को वापस आ रहे थे तब तक कोरोना से इटली और यूके का बुरा हाल हो चुका था। हमारे हवाई जहाज को भी काफ़ी देर तक रोका गया। हमारा तापमान लिया गया, तब हमें बाहर जाने दिया गया। लॉकडाउन की सुगबुगाहट पूरे विश्व में महसूस की जाने लगी थी।

हम 26 फ़रवरी को वापस जोहानसबर्ग पहुँचे और भारत में लॉकडाउन हो गया।

भारत में कोरोना वायरस महामारी को रोकने के लिए भारत के प्रधानमन्त्री श्री नरेन्द्र मोदी ने 24 मार्च को 21 दिनों के लिए पूरे देश को लॉकडाउन का आदेश दिया। इस निर्णय से पहले 22 मार्च को 14 घंटों का जनता कर्फ़्यू किया गया था। अप्रैल सुबह 10 बजे प्रधानमन्त्री श्री नरेन्द्र मोदी ने देश को सम्बोधित करते हुए लॉकडाउन की अवधि को आगे बढ़ाकर 3 मई करने का फैसला लिया और कहा कि अगले एक हफ्ते नियम और सख़्त होंगे, साथ ही मोदी जी ने कहा कि जहां नये मामले सामने नहीं आयेंगे वहाँ कुछ छूट दी जायेगी। यह सर्वविदित है कि गृह मन्त्रालय ने 17 मई को लॉकडाउन को 31 मई तक बढ़ाने की घोषणा की। 30 मई को देश भर में लॉकडाउन के पाँचवें चरण की घोषणा की गयी।

हम अपने आपको भाग्यशाली मान रहे थे कि दक्षिण अफ्रीका में अभी लॉकडाउन नहीं हुआ।

यह भी कहा जा रहा था कि काले लोगों में कोरोना का असर कम होता है क्योंकि ये लोग मलेरिया रेज़िस्टेंट होते हैं। यह भी संयोग है कि भारत और दक्षिण अफ्रीका में लॉकडाउन लगभग एक ही समय हुआ। भारत में जनता कर्फ़्यू 22 मार्च को लगाकर 24 मार्च से पूर्ण लॉकडाउन की घोषणा की। वहीं दक्षिण अफ्रीका ने लेवल पाँच का लॉकडाउन 25 मार्च से 14 अप्रैल तक करने की घोषणा की।

लॉकडाउन में आर्मी को पूरे शहर की सुरक्षा और लॉकडाउन के अनुपालन का निर्देश दिया गया था। इसलिए दक्षिण अफ्रीकी आर्मी सड़कों पर गश्त लगा रही थी। लॉकडाउन के दौरान कहीं भी आने-जाने की छूट नहीं थी। लोग अपने घरों में क़ैद थे। ऑफ़िस और बाज़ार, स्कूल-कॉलेज सब बन्द हो चुके थे।

मेरा वाला वीकेंड

(10 मार्च, 2020)

जोहानसबर्ग आने के बाद मेरा एक सपना था कि मैं कभी अपना वाला सप्ताहांत या वीकेंड मनाऊँ। मनाऊँ थोड़ा, उत्सवी लगता है–मेरा मतलब है बिताऊँ। मैं दक्षिण अफ्रीका में काउंसल जनरल के रूप में पोस्टेड थी।

मेरा वाला वीकेंड शुरू तो हो शुक्रवार की शाम को। कोई ऑफिसियल मीटिंग नहीं, कोई वीआईपी डेलिगेशन न आये, कोई मुझे डिनर पर न बुलाए। मैं ऑफ़िस में जल्दी काम ख़त्म करके घर आऊँ। फिर पसन्दीदा डिनर बनाऊँ–फ़िशकरी, चावल और आलू की बिहारी स्टाइल कुरकुरी भुजिया। स्वीटडिश में लड्डू या जलेबी। फिर ख़ूब मीठी चाय-अदरक वाली पीते हुए कोई रोमांटिक फ़िल्म देखूँ जैसे–'आँधी' या 'लाइफ़ इज ब्यूटिफूल' टाइप। देर रात तक अपने प्रिय उपन्यास या कहानियाँ पढ़ूँ या थोड़ा बहुत लिख लूँ।

लगभग एक या दो बजे तक सो जाऊँ। सुबह उठूँ तो दिन सुहाना हो–मैं अपने लगाए पौधों को बग़ीचे में सींचू। थोड़ा जॉगिंग कर लूँ या जिम चली जाऊँ। जब वजन मापने वाली मशीन पर खड़ी होऊँ तो मेरे मन-मुताबिक़ वजन दिखाए।

शनिवार को थोड़ी शान्ति से पूजा कर लूँ। हनुमान चालीसा और रुद्रशतक पढ़ लूँ। अपने मन-पसन्द गाने सुनते हुए पूरी-आलू-हलवा का नाश्ता मिले। फ़ेस पर अलोवेरा का पैक लगाकर मेरी मेड मेरा फ़ेशियल कर दे, फिर मसाज। और तब मैं उबटन लगाकर नहा लूँ।

अपनी मन पसन्द टी-शर्ट और जींस पहनकर और गॉगल्ज़ लगाकर एक लम्बे रिलैक्सिंग लंच पर जाऊँ, अपने दोस्तों के साथ। फिर घर आकर दोपहर की नींद लूँ। शाम को उठकर टेनिस या बैडमिंटन खेलूँ या स्विमिंग करूँ।

शाम को नज़दीक के हॉल में अपने बच्चों के साथ कोई अच्छी-सी फ़िल्म देखूँ। तब घर आकर उन्हें अच्छा सा डिनर खिलाऊँ–चिकेन और चावल। फिर वे जल्दी सो जाएँ और मैं एक अच्छी-सी कहानी लिखूँ या फिर अपने उपन्यास पर काम करूँ।

रविवार को उठकर एक लम्बी वॉक पर जाऊँ या फिर जोहानसबर्ग की सड़कों पर बेधड़क जॉगिंग करूँ (जो सिक्योरिटी कारणों से सम्भव नहीं है)। घर आकर अपने प्रियजनों से फ़ोन पर बातें करूँ। कपड़े आइरन करूँ–ख़ुद और बच्चों के। यूँ ही झूले पर बैठकर आसमान को निहारूँ या फिर बग़ीचे में पौधों को पानी दूँ। घास काटूँ और कोई नया पौधा लगाऊँ। अधूरे-सीखे हुए इकेबाना से अपने हाथों से गुलदस्ते बनाऊँ और कोर्निश पर सुगन्धित फूलों को उर्लि में डालकर रखूँ व सुगन्धित कैंडल सजाऊँ। अपने फ़ेवरेट जिमरीव्ज़ के स्लो रोमांटिक गीत सुनते हुए सो जाऊँ और सपनों में खो जाऊँ। सपनों में गाँव चली जाऊँ और उनसे मिल लूँ जिनसे मैं मिलना चाहती हूँ पर कभी मिल नहीं पाती-मिल नहीं सकती।

रात को वे सभी भारतीय प्रोग्राम (ख़ासकर-सीरियल) टीवी पर सर्फ़ कर लूँ–ख़ुद को अपडेट कर लूँ, जिन्हें मैं कभी देख नहीं पाती। फिर रात को थोड़ी जल्दी सो जाऊँ–अगले सप्ताह की तरोताज़ा शुरुआत के लिए।

पर ऐसा होता नहीं है।

मेरा वाला वीकेंड मेरा सपना है, जो सपनों में पूरा होता है–हक़ीक़त में नहीं। असली ज़िन्दगी में तो हम चौबीस घंटे सरकारी नौकर हैं। और आप जानते ही होंगे–नौकरों पर 'वीकेंड का वार' कैसा होता है! उसी समय यानी वीकेंड में ही तो होते हैं–वीआईपी मेहमान, डेलिगेशन, कम्यूनिटी फ़ंक्शन, सांस्कृतिक संध्या, वर्कशॉप, रेप्रेज़ेंटेशन, अफ़िशियल डिनर, लंच ए ऑन, विज़िट्स वग़ैरह-वग़ैरह। कई बार तो मैं अपने बाल नहीं धो पाती–शिकाकाई और आँवला से–जिससे बाल अच्छे हो सकते हैं, पर हम सरकारी नौकर हैं कोई ब्यूटी क्वीन तो नहीं–बाल झड़ना या सफ़ेद होना तो एजिंग की प्रक्रिया है–इसका बाल धोने से क्या लेना-देना वह भी वीकेंड में?

(26 मार्च, 2020)

जब लॉकडाउन हुआ तो मुझे यही आशा थी कि मेरा वाला वीकेंड मुझे ज़रूर मिलेगा।

आज लॉकडाउन का पहला दिन था। कल मैं देर रात काम करके सोई थी कि मोबाइल की घनघनाहट ने जगा दिया।

ओह रोज़ देर हो जाती है। आज भी देर हो गयी क्या?

मैं झुँझलाकर दीवार पर लगी घड़ी देखती हूँ।

अरे अभी तो साढ़े पाँच ही बजे हैं, कौन है इतनी सुबह फ़ोन करने वाला।

नम्बर मेरे मोबाइल में सेव नहीं था।

आज लॉकडाउन है–मैं देर तक सोना चाहती थी। ऑफ़िस जाने का भी झंझट नहीं था–पर मोबाइल बार-बार बज रहा था। मैंने सोचा कि अनजान नम्बर भी उठना चाहिए। हो सकता है कि सामने वाला कोई मुसीबत में हो।

मैंने मोबाइल उठाकर उनींदी आँखों को मलते हुए कहा–

'हैलो! कौन बोल रहे हैं?'

दूसरी तरफ़ से फ़ोन में झुंझलाहट थी–'हैलो, आप लोग कर क्या रहे हैं। यहाँ एक आदमी मेरे यहाँ मर गया है और आप लोग घोड़े बेचकर सो रहे हैं। यह कॉन्सुलेट की ज़िम्मेदारी है कि डेडबॉडी को उठाए।'

मैं नींद से पूरी तरह जाग गयी।

यह कौन आदमी है जो सुबह-सुबह इतनी बदतमीज़ी से बात कर रहा है और इसे मेरा नम्बर दिया किसने?

मैंने भी कड़ी आवाज़ में पूछा।

'आप कौन इतनी सुबह फ़ोन कर रहे हैं?'

'मैं स्वादिष्ट भारत' का मालिक बोल रहा हूँ। मेरे एक भारतीय स्टाफ़ की मृत्यु कोरोना बीमारी से कल रात को हो गयी है। कॉन्सुलेट से आदमी भेजिए उसकी बॉडी डिस्पोज़ ऑफ़ करने के लिए।'

अब मुझे ग़ुस्सा आने लगा–वह इतनी बदतमीज़ी और अधिकार से बोल रहा था कि मैं झुंझला उठी।

'पहली बात तो यह कि वह आपका स्टाफ़ है तो यह आपकी ज़िम्मेदारी बनती है कि उसका क्रिया-कर्म करें। अगर आप भारत भी इसकी बॉडी ले जाना चाहते हैं तो भी इसके लिए प्रक्रिया है। पहले दक्षिण अफ्रीकी सरकार से सारे अप्रूवल लेने पड़ेंगे फिर कॉन्सुलेट अपनी सहमति देगी। पर अच्छा होगा कि यहीं उसका अन्तिम संस्कार कर दिया जाये क्योंकि अभी यहाँ की सरकार बॉडी ले जाने की इजाजत नहीं देगी। भारत में भी दुनिया भर के झमेले होंगे। सारी फ़्लाइट्स भी बन्द है।'

'और कॉन्सुलेट क्या मदद करेगी? मुझे कृत भाई ने बताया है कि कॉन्सुलेट लावारिस लाशों का अन्तिम संस्कार करती है। उसका भी पासपोर्ट वग़ैरह कोई डॉक्युमेंट नहीं है।'

'परन्तु वह तो आपके साथ काम करता था तो वह लावारिस कैसे हुआ? यह आपकी ज़िम्मेदारी बनती है कि उसका अन्तिम संस्कार करें। कॉन्सुलेट इसमें आपकी कोई मदद नहीं कर सकता।' मैंने संयत होकर फिर उसे समझाया।

'गोटू हेल।'

उसने मुझे थैंक्स की जगह ग़ाली और धमकी दी और फ़ोन काट दिया।

मुझे ग़ुस्सा आ रहा था।

सबसे अधिक मैं नाराज़ थी कृत भाई पर!

कृत भाई येन केन प्रकरेन यहाँ दक्षिण अफ्रीका में आ गये थे और अब यहाँ के हिन्दू मन्दिर के मुख्य पुजारी या प्रीस्ट थे। वे अपने आपको पुजारी कम और नेता अधिक समझते थे। हर बार कई लोगों की समस्या लेकर आते और मुझसे उसका समाधान ले जाते। परन्तु, कम्यूनिटी में अपनी छाती पीटते कि देखो मैंने इसका काम करवा दिया। उसका पासपोर्ट दिलवा दिया। इस तरह के दलाल लोग ही तो अधिकतर मन्दिरों-मस्जिदों के महंत-मौलाना बने हुए हैं।

मैंने कृत भाई को फ़ोन किया, 'कृत भाई! आपने किसी अनजान को मेरा फ़ोन नम्बर क्यों दिया? यह नम्बर तो मैंने आपको दिया था, आपके लिए। आपका कोई भी काम अभी तक मैंने रोका है? पर दूसरे को मेरा नम्बर मुझसे बिना पूछे नहीं देना चाहिए था आपको?'

'क्यों क्या हुआ? अमित भाई ने फ़ोन किया आपको? उसी को मैंने नम्बर दिया था।'

'हाँ, नाम तो पता नहीं, पर किसी ने 'स्वादिष्ट भारत' का नाम लिया। उसके किसी स्टाफ़ की मृत्यु हो गयी है। उसने मुझे फ़ोन करके धमकाया कि कॉन्सुलेट को उसके स्टाफ़ का दाह-संस्कार करना चाहिए वरना वो सोशल मीडिया पर लिखेगा। मुझे बदनाम कर देगा।'

मुझे लगा था कि कृत भाई को अपनी गलती का एहसास होगा परन्तु ऐसा नहीं हुआ। उल्टा उनकी एक्स्पेक्टेशन कुछ और थी। उन्हीं ने अमित को बताया था कि यह कॉन्सुलेट का काम है कि वे अवैध रूप से रह रहे लोगों के मरने पर उनका अन्तिम संस्कार करें। इसलिए तुम काउंसल जनरल से सीधे बात करो।

अब उनकी पोल खुलने वाली थी इसलिए वे तल्ख़ हो गये।

'पर बेन! आपका मुख्य काम क्या है यहाँ? लोगों की मदद करना। उसकी मदद कर दो। उस बन्दे का यहाँ कोई नहीं है। उसका दाह-संस्कार करवा दो। बॉडी पड़ी हुई है–कोई उठाने वाला नहीं है। मैंने अमित से यही कहा था कि काउंसल जनरल से बात कर लो वे बॉडी उठवा लेंगी।'

'कृत भाई, ऐसे कैसे मैं बॉडी उठवा सकती हूँ! इसका प्रॉसेस होता है। उसे इसकी प्रक्रिया पूरी करनी होगी न! पता नहीं कैसे डेथ हुई है? पोस्ट मोर्टोम करवाना पड़ेगा। इसमें बहुत कॉम्प्लिकेशन है। वह आदमी इन लोगों के लिए काम करता था तो इसकी ज़िम्मेदारी बनती है कि वह उसका अन्तिम संस्कार कराए। वह इस तरह अपनी ज़िम्मेदारी दूसरों पर नहीं थोप सकता।'

मैंने साफ़-साफ़ कहा, पर कृत भाई अमित से शायद बहुत अधिक फेवर ले चुके थे। या स्वादिष्ट भारत में अधिक खा चुके थे–जिसकी क़ीमत अदा करनी ज़रूरी थी।

वे मुझे ही समझाने लगे, 'बेन! इस बार उसकी मदद कर दो। मैं अमित को बोलता हूँ–आपसे माफ़ी माँगेगा।'

मैंने यह कहकर कि 'देखती हूँ क्या कर सकती हूँ'–फ़ोन काट दिया।

फ़ोन रखते ही हाई कमिशनर सर का फ़ोन आ गया कि किसी ने मुझे ट्विटर पर टैग करके ग़ाली दी है।

वही होगा! स्वादिष्ट भारत!

मेरा अनुमान सही निकला।

वह पोस्ट इस तरह था–'मुझे यह लिखते हुए शर्म आ रही है कि भारत की काउंसल जनरल ने मेरा अपमान किया और अपनी ज़िम्मेदारियाँ लेने से मना कर दिया। यहाँ लोग लॉकडाउन में मर रहे हैं और भारतीय कॉन्सुलेट सोया हुआ है। शेमफुल है ये। सबसे घटिया काउंसल जनरल है ये।'

मेरा तो दिन ही बर्बाद हो गया।

फिर मैंने अपने पीआर ऑफ़िसर मिश्रा जी को पकड़ा। उन्हें इस पोस्ट को मिटाने और 'स्वादिष्ट भारत' को ब्लॉक करने को कहा। बड़ी कोशिशों से पोस्ट को मिटाया जा सका।

पर, मन कड़वा हो चुका था। लॉकडाउन का पहला दिन और इतनी ख़राब शुरुआत!

आगे क्या होगा?

जब आग़ाज़ ऐसा है तो अंजाम क्या होगा?

पराँठे

आज तो लॉकडाउन का दूसरा दिन है। आज तो पराँठे बनने ही चाहिए, सोचकर मैंने आटे की तलाश की। ओह, बस यही मेरी बुरी आदत है लॉकडाउन में, सब कुछ लायी, आटा ख़रीदना भूल गयी। पर तीन कप आटा डिब्बे से निकल ही आया।

ख़ैर, अजवाइन मिलाने के लिए मैंने आधा घंटा खोजा, नहीं मिली। कोई बात नहीं, जीरा ही मिला देती हूँ, मैंने ख़ुद को तसल्ली दी, पर जीरा भी नहीं मिला।

अब क्या मिलाऊँ, जिससे मेरा पराँठा टेस्टी और यूनीक बने!

कलौंजी–ऊहूँ

मेथी–ऊहूँ

सरसों, राई–उहुँ

प्याज़–बोरिंग!

पालक! (नहीं मिला।)

अब क्या करूँ? मैंने फ्रिज खंगालना शुरू किया। गाजर मिली, बैंगन-खीरा भी मिला–पर उन्हें कैसे पराँठे में डालूँ। तभी मुझे करेला दिखा। क्या करूँ करेला से भरवाँ पराँठा बना लूँ?

यही सही रहेगा। टेस्ट भी, हेल्थ भी। थोड़ी खटाई और हल्दी डाल दूँगी तो बच्चों को भी पता नहीं चलेगा। वाह! क्या आइडिया आया–मैंने करेले को कद्दूकस कर लिया।

अरे आटा गूँथा तो भूल हो गयी!

मैंने आटे को परात लेकर नल के नीचे रखा। नल चालू किया। तभी स्लैब पर रखा मोबाइल घनघना उठा। डिस्प्ले नम्बर देखकर मैं घबरा गयी।

हाई कमिशनर सर!

मैंने जल्दी से फ़ोन उठाया।

'गुड मोर्निंग सर'

'अंजु तुमने अभी तक कोरोना वायरस से अफ़ेक्टेड लोगों का शीट अपडेट नहीं किया। दिल्ली में जल्दी माँग रहे हैं।'

'सर, अभी करती हूँ।'

'मुझे आधे घंटे में चाहिए।'

'श्योर सर।'

मैंने मोबाइल रखा। अरे बाप रे!

अभी तक टैप चालू था! परात में ढेर सारा पानी भर गया था। अब पराँठे कैसे बनाऊँ!

कद्दूकस करेला अलग मुँह चिढ़ा रहा था।

मैंने कोशिश की कि उसका बैटर डोसे के जैसा घोल बनाऊँ!

पर वह तो बहुत पतला था। ऊपर से थोड़ा पानी निकाला पर कुछ समझ नहीं आया तो मैंने सारे घोल को एक पतीले में ट्रान्सफर किया। करेले को उसमें मिलाया और चूल्हे पर उबालने चढ़ा दिया।

लगभग दस मिनट के बाद कुछ लेई जैसा बन गया था। ऊपर से नमक और धनिया पत्ती छिड़ककर मैंने बच्चों को खाने के लिए बुलाया।

मोना ने मुँह बनाकर कहा–'इयू, ममा इट लुक्स लाइक शिट!'

बुबु ने कहा–'कितना कड़वा है यह! क्या नाम है इस डिश का, ममा?'

'कंगाली में आटा गीला'–मैंने लेई सपोड़ते और मुँह सिकोड़ते हुए कहा।

अनचाहे मेहमान को भगाना हो या वज़न कम करना हो आप भी कभी 'कंगाली में आटा गीला' बनाएँ। अब तो आपको रेसिपी भी मिल गयी है। कोई असुविधा होने पर सम्पर्क करें। हम आटा गीला करने में माहिर हैं।

कोरोना वाला जीरा-राइस

मैं भाग्यशाली हूँ कि कोरोना काल में भी मेरी मेड ने छुट्टी नहीं ली है। पामेला ज़िम्बावे से है और भारतीय खाने के बारे में कुछ नहीं जानती। मसलन जब मैं उसे सूप बनाने को कहती हूँ तो वह भुने हुए चिकन में थोड़ा पानी डालकर ले आती है।

'सूप प्लीज़' वह मुस्कुरा कर कहती है। मैं चिड़चिड़ी हो गयी हूँ, सो मन करता है कि इसकी मुंडी चबा जाऊँ। पर मैं अपने दाँत चबाकर मुस्कुरा कर कहती हूँ–'वेलडन! ऐसा सूप तो मैंने कभी नहीं पिया! फ़ैंटाबुलस।' क्योंकि, अगर इस लॉकडाउन में वह नाराज़ हो गयी तो घर का सारा काम मेरे मत्थे आ पड़ेगा। और, उसे मैं नहीं खो सकती।

आज मैंने उसे कहा कि बढ़िया बासमती जीरा-राइस बना लो।

(मेरा सिक्योरिटी गार्ड मटन बना रहा था। अगर मैं उसे जीरा-राइस दूँगी, तो वह मुझे मटन ज़रूर देगा! मेरे मुँह में लार चू रही थी–राम सिंह स्वादिष्ट मटन बनाता है)

लॉकडाउन में मटन-जीरा-राइस! परफेक्ट लंच!–मैंने सोचा।

मैं अँधेरे स्टोर से एक पैकेट एज किया हुआ बासमती राइस निकाल लायी।

मोबाइल पर ऑफ़िस के काम में व्यस्त थी इसलिए मैंने उसे ऊपर से चिल्लाकर बताया कि तीन बार अच्छे से धोकर तब कुकर में डालना। पक जाने पर ढेर सारा घी देकर मैं ख़ुद जीरा से बघार दूँगी।

उसने चावल पक जाने पर मुझे आवाज़ लगायी। मैं नीचे गयी तो देखा कि ढेर सारे काले कीड़े दिख रहे हैं। छि: इसने लगता है–कीड़ों को नहीं साफ़ किया! 'तुमने चावल धोए थे?'

'यस, थ्री टाइम्ज़, जैसा आपने कहा।'

'तुम्हें इन्हें धोकर साफ़ कर लेना चाहिए था।' मैंने तब भी संयत स्वर में कहा।

'कोई बात नहीं, मैं अभी चुन लेती हूँ।' उसने तत्परता से कहा।

पर मैं सोच रही थी जो कीड़े अभी ही चावल में जीरा (राइस) की तरह दिख रहे हैं, उसे सारा यह कैसे चुन पाएगी? फिर मैं यह चावल कैसे खा पाऊँगी?

मुझे घिन आ रही थी।

'हाय! लंच का समय हो रहा है, बच्चे भी भूखे हैं। राम सिंह भी आता होगा! अब क्या करूँ।'

मुझे एक आइडिया आया। मैंने मेड को यथासम्भव ऊपर-ऊपर से कीड़े चुनने को कहा।

और तब मैंने एक बड़ा चम्मच जीरा लेकर उसे घी में फ्राई किया और चावल में मिला दिया। अब जीरा और कीड़ा एकाकार हो चुके थे। मेरे बच्चे तो क्या, उसे कोई दक्ष गृहिणी भी नहीं ढूँढ़ सकती थी!

गरमजोशी से मैंने गरमा-गरम कोरोना वाला जीरा राइस राम सिंह और बच्चों को परोस दिया।

उस दिन चावल अतिरिक्त स्वादिष्ट बना था–ऐसा सबने कहा। पर, मैंने तो टेस्ट किया ही नहीं।

बच्चों ने कितना कहा पर मैंने बहुत अदा से मना किया, 'सॉरी, आई डूनॉट टेक राइस! आई एम ऑन डाइट।'

आप भी जल्दबाज़ी में यह उपाय करें। कोरोना के कीड़े के लिए एक दोहा याद आ रहा है–

'जीरा है कि कीड़ा है
कीड़ा है कि जीरा है
जीरा का ही कीड़ा है
या कीड़ा का ही जीरा है!!'

कोरोना की वेल्लागिरी!

आज सुबह उठते ही मौसम सुहाना लग रहा था। खिड़की से बाहर जैकरैंडा के फूल अपनी पूरी तोर से खिले हुए थे।

कल करवा-चौथ पर मैंने ढेर सारी मिठाइयाँ और हलवा चखा नहीं बल्कि छका था!

कल रात में सोते समय यही संकल्प लिया था कि आज जिम में एक घंटे ट्रेडमिल पर ज़रूर दौड़ूँगी ताकि हलवा और मिठाई की कैलोरी पूरी तरह बर्न हो जाये। खिड़की से बाहर देखते ही बहुत सुकून सा लगा। लगा कि गुलाब और सेमंति के फूल खिल कर झरे जा रहे हैं–उन्हें देखने का मुझे कभी समय ही नहीं मिला। चाँदनी खिल कर दीवारों पर सफ़ेद चंदोवा की तरह बिछ गयी है पर मैंने उसे कभी नहीं सराहा। मैं जो फ़ोटो खींचने की शौक़ीन हूँ और सेल्फ़ीक्वीन हूँ–कभी मैंने अपने आसपास की सुन्दरता पर गौर नहीं किया!

जो चने के पौधे मैंने ट्रे में बोये थे (क्योंकि मैं हाइड्रपॉनिक्स पर रिसर्च करना चाहती थी)–उन पौधों में छोटे-छोटे बैंगनी फूल खिल गये हैं–थोड़े दिनों में इनमें फल भी लग जायेंगे–पर मैंने उन्हें कभी नहीं दुलारा।

अब मेरा लॉन एमरल्ड ग्रीन हो गया है। इस बार की भीषण सर्दी में हमें याद है किस तरह स्विमिंग पूल का पानी उलीच कर हम लॉन को हरा रखना चाहते थे पर हमारे लाख सींचने पर भी वह हरा नहीं होता था, तब मुझे याद आता था–धीरे-धीरे रेमना, धीरे-धीरे सब कुछ होय,

'माली-सींचे सौ घड़ा रितु आये फल होय।'

उस वक्त हम लोग रोज़ मायूसी से जले हुए लॉन को निहारते थे। और अब जब लॉन हरे गलीचे की तरह मखमली हो गया है–मैं क्यों कभी नंगे पैर उन घास पर नहीं टहलती? वह घास मुझे आमन्त्रित करते हैं पर मैं जल्दी से जूते पहनकर

जिम चली जाती हूँ क्योंकि मैंने सबसे महँगी और वीआईपी सदस्यता ले रखी है–जिसको वसूल करना प्रकृति से नज़दीकियाँ बढ़ाने से ज़्यादा ज़रूरी है।

प्रकृति हमें स्ट्रेस से छुटकारा देती है–परन्तु हमें प्रकृति के निकट जाना तो पड़ेगा ही! बिना प्रकृति को छुए वह हमें कैसे तनाव-मुक्त कर सकती है!

हमें काम का कितना टेन्शन है। डिप्लोमेसी अब बहुत कॉम्प्लिकेटेड हो गयी है। दिन भर काम, सप्ताहांत में कम्युनिटी आउट रीच कार्यक्रम, भारत के ट्रेड को बढ़ाने की क़यावद और भारतीय संस्कृति के प्रचार-प्रसार के लिए तेज प्रयास और सबसे बड़ी बात कि किसी को वीज़ा चाहिए–किसी को भारतीय पासपोर्ट तो किसी को कोई सर्टिफ़िकेट, वह भी आज के आज। भारतीय समुदाय हमें साँस नहीं लेने देता।

सब कुछ करने के बावजूद कहीं न कहीं चूक रह ही जाती है–क्योंकि हम इन्सान हैं–इम्पर्फ़ेक्शन से भरे हुए–पर लोग हमें रोबोट समझते हैं जो सब कुछ सही और सटीक करे। ऐसा न होने पर हमारी शिकायत सोशल मीडिया के जरिये देश के विदेश मन्त्री व प्रधानमन्त्री जी तक पहुँचा दी जाती है।

खट्टी-मीठी यादों और अनुभवों के सहारे मैंने फिर भी सफलतापूर्वक दो साल काट लिए। अब बस एक साल और फिर जोहानसबर्ग के भारतीय समुदाय को मुझसे और मुझे उनसे मुक्ति मिल जायेगी।

ऐसा ही अपना मन्तव्य मैंने अपने ड्राइवर–स्टीव और सोशल सेक्रेटेरी–खुशी के सामने रखा।

'स्टीव, किसी तरह मेरा एक साल और निकाल दो। फिर तुम्हें बेहतर काउंसल जनरल और बेहतर मैडम (सीजी की पत्नी) मिलेंगे।'

खुशी और स्टीव की आँखें नम हो गयीं। आवाज़ भारी हो गयी, 'ऐसा नहीं है मैडम। आपसे अच्छा कोई सीजी हमें नहीं मिलेगा। दो साल कोरोना के बावजूद आपके साथ कैसे निकल गया, पता नहीं चला। आप बहुत अच्छी हैं।' खुशी ने कहा।

मुझे पता है कि शायद यही बात वे सब सीजी को बोलते होंगे, पर मुझे अच्छा लगा। क्योंकि मैं बहुत-सी बातों को फ़ेसवैल्यू पर लेती हूँ और दूसरी बात कि अपनी तारीफ़ किसे अच्छी नहीं लगती!

हो सकता है कि मैं कभी भी जोहानसबर्ग न आऊँ या यह भी हो सकता है कि मैं हाई कमिशनर बनकर दक्षिण अफ्रीका दुबारा आऊँ। क्रमशः पहली

स्थिति मेरे चाहने वालों के लिए और दूसरी सम्भावना मेरे न चाहने वालों के लिए दुखदाई है।

पर यही जीवन है—जो चलता ही रहता है।

आज और कुछ करने का मन नहीं किया। बस खिड़की से फूलों को देखा। ज़िम नहीं गयी, पूजा नहीं की। ऑफ़िस में भी ऑफ़िसर मीटिंग रद्द करके सिर्फ़ रिपोर्ट पढ़ी और अपना टेबल साफ़ किया।

शाम को घर आकर अंगूर की लताओं को सँवार दिया। अपने हाथों से लगाये कद्दू और सेम को ग्रीन हाउस में बोया। फिर बच्चों के लिए आमलेट बनाया और दुबारा कटोरी भर हलवा खा लिया—इस संकल्प के साथ कि कल एक घंटे ज़िम में ट्रेडमिल पर अवश्य दौड़ूँगी!!

रात को भी सिर्फ़ यूट्यूब पर वीडियो देखे और बच्चों के साथ पियानो बजाया। बड़ी बेटी बुबु मैट्रिक में है। उसको मैंने पूछ भर लिया कि परीक्षा की तैयारी ठीक चल रही है! उसने हाँ कहा जो मुझे आश्वस्तता से भर गया और तब मैंने और भी वीडियो देखा।

अब आँखें और दिमाग़ बिना कुछ किये थक गये हैं और नींद आ रही है।

मुझे लगता है कि कभी-कभी वेल्लागिरी भी ज़रूरी होती है।

मुर्ग़ी-पालन

कोरोना काल में कामकाजी नौकरीपेशा लोगों ने सबसे अधिक मज़े किये। न तो ऑफ़िस जाने की ज़रूरत और न ही बॉस की झिड़कियाँ और न रोज़ ट्रैफ़िक की किचकिच।

प्रदूषण और साँस की बीमारियों वाले लोगों को बाहर निकलने के लिए तो स्वास्थ्य मन्त्रालय ने मना ही कर रखा था। लोग मज़े ले रहे थे। पहली बार लोग घर में अपने परिवार से जुड़े। कई लोगों ने खाना बनाना सीखा। नये-नये डिशेज़ बनाये।

सोशल मीडिया की लोग जितनी भी बुराई करें पर इतना तो अवश्य है कि इसने लोगों को व्यस्त रखा। लोग अपनी पोस्ट डालते। अपने खाने की पोस्ट डालते और नयी रेसिपी ट्राई कर रहे थे।

मुझे भी शौक़ चढ़ा।

नये-नये शौक़। बचपन से मेरा संजोया हुआ सपना था कि कभी मैं भी मुर्गी-पालन करूँगी।

मुर्गी-पालन के लिए मुझे कोई अनुभव नहीं था। पर जगह बहुत थी।

मुझे बायलर मुर्गियाँ पसन्द नहीं, इसलिए मैंने फ्री रेंज मुर्गियाँ पालने की कोशिश की। मैंने किसी तरह जुगाड़ भिड़ाकर पता लगा ही लिया कि यहाँ 'बेला बेला' फार्म पर फ्री रेंज चूज़े मिलते हैं—और हम बीस-पच्चीस जितने चाहिए उतने ख़रीद सकते हैं।

यह फार्म किसी भारतीय व्यक्ति का ही था। लॉकडाउन के सप्ताहांत में मैंने फार्म हाउस विज़िट किया। फार्म में ढेर सारी सब्ज़ियाँ लगी थीं। पुदीने की और मेथी की ख़ुशबू फ़िज़ाओं में फैली थी। एक तरफ़ ड्रैगनफ्रूट लगे थे तो दूसरी तरफ़ सहजन की फलियाँ लटक रही थीं।

मीलों तक हरियाली ही हरियाली! मैं अभिभूत थी।

हमारे भारतीय मित्र मुझे बड़े गर्व से अपना फार्म दिखा रहे थे। बच्चों को उन्होंने ट्रैक्टर पर बिठाकर एक चक्कर भी लगवाया।

फिर वे अपने रूस्टर फार्म ले गये। एक जाली के दड़बे में करीब बीस रूस्टर बन्द फड़फड़ा रहे थे। बच्चों को उन्हें देखकर बड़ा मज़ा आया।

मैंने बीस चूजें ख़रीद लिए। उन्हें एक कार्टन में पैक करके गाड़ी में पीछे रखवा दिया।

कलगी वाले बाग में मुर्ग़ों को देखकर छोटी बेटी मोना मचलने लगी कि– एक रूस्टर चाहिए, ले दो न ममा!

उसकी आँख और मेरे मुँह में पानी देखकर भारतीय मित्र ने एक रूस्टर हमें दे दिया। अब लायें कैसे?

तब रूस्टर के हाथ-पैर बाँधे गये। उसे रस्सियों से ऐसा लपेटा गया कि वह अधिक फड़फडा नहीं सकता था। उसे मेरे जैग्वार कार की डिक्की में डाल दिया गया।

पर रूस्टर आसानी से हार मानने वाला नहीं था। वैसे भी पंछियों में सहज बुद्धि होती है, और उसकी सहज बुद्धि ने उसे बता दिया था कि उसका काम तमाम होने ही वाला है।

सो, रूस्टर ने विरोध किया।

भागकर नहीं फड़फड़ाकर उसने ढेर सारे पंख डिक्की में बिखेर दिए।

उसने बदला लेने के लिए या डर से डिक्की में पॉटी करना शुरू किया। पतला डायरिया!

वापसी का दो घंटे का सफ़र अंग्रेज़ी का सफर बन गया।

मेरी लग्ज़री जैग्वार भैंसागाड़ी जैसी फ़ाउल बदबू मार रही थी।

मैंने तब रूस्टर को गाड़ी से बाहर बाँध दिया और उसकी रस्सी का एक सिरा गाड़ी में आगे बैठी बुबु के हाथ में दे दिया।

रूस्टर ने फिर भी भागने की कोशिश में पूरे झोले को अपनी चोंच मारकर जगह-जगह से ख़ुद लहू-लुहान कर दिया।

फिर जगह बदली गयी। अबकी दूसरे थैले में रखकर डिक्की को टिशू से साफ़ कर उसे पुनर्स्थापित किया गया।

हमने कोरोना वाला मास्क अपने नाक-मुँह पर लगाकर उसकी दुर्गंध से थोड़ी निजात पायी।

जब वह घर पहुँचा तो अधमरा हो चुका था।

तुरन्त उसे खोलकर मैं पानी ले आयी। उसे एक हाथ से पकड़कर उसकी चोंच पर डाला।

हाय हाय! वह तो अपने गू में ही लीथड़ा हुआ था।

उसे नहलाया गया।

वह नहाकर बूढ़े-नुचे-पीटे गिद्ध सा लग रहा था।

ओह! मैं इसे क्यों उठा लायी। अब लॉकडाउन है। गाड़ी को भी कैसे धोएँ। बार-बार ड्राइवर भी नहीं आ सकता।

सुबह पर जब रूस्टर ने हडिदास (द अफ्रीका की एक स्थानीय हॉर्नबिल चिड़िया) के साथ ज़ोर से बाँग देकर सबको जगाया तो मेरा मन पुलकित हो गया।

वाह, अब कितना सुन्दर दिख रहा था वह!

गुलाबी कलगी और सतरंगी पंखों को फैलाकर वह बग़ीचे के कीड़े चुनकर खा रहा था। राम सिंह ने बताया कि यह कम-से-कम चार किलो का तो होगा ही। मैडम इसे कोई बड़े अवसर पर ही बनाएँगे।

'मुझे तो उसे पालने का मन कर रहा है। मैंने ममता से भरकर कहा।'

ज़रूर लेकिन इसके लिए मुर्ग़ी लानी पड़ेगी तभी वह अंडे देगी।

'ओके!'

अब, मुर्ग़ी पालन करूँ कि नहीं! मैं असमंजस में थी।

पर राम सिंह ने मुझे समझा लिया कि मैडम जी इसमें कौन-सा हमें पानी और दाने की व्यवस्था करनी पड़ेगी! ये गार्डन का कीड़ा वग़ैरह चुनकर खा लेंगे। कभी कभार बचे-खुचे चावल छींट देंगे। रात को इनको माली के समान रखने वाले कमरे में बन्द कर देंगे। और ये भी तो सोचो एक महीने में ही वे कितने अंडे देंगे। फिर मुर्गियाँ भी घर की–ओर्गानिक! मैम, ज़्यादा विचार न करें। ले आते हैं एक मुर्ग़ी इसके लिए!

'ठीक है! पर शाम को तुम ही उन्हें खोजकर बन्द करोगे।' मैंने मंज़ूरी देते हुए कहा।

'ज़रूर, जब तक मैं हूँ तब तक आपको चिन्ता करने की आवश्यकता नहीं है। मैं सारा ध्यान रखूँगा।'

इस तरह से एक काली मुर्ग़ी आ गयी। अब मेरे घर में एक मुर्ग़ा, एक मुर्ग़ी और बीस चूज़े थे।

पर मुर्ग़ा शायद अपने को अधिक सुन्दर और स्मार्ट समझता था, वह काली मुर्ग़ी को चोंच से मारने की कोशिश करता रहता।

मेरा गाइड और टीचर था राम सिंह–द महान सिक्योरिटी गार्ड!

मैंने उसे बुलाकर दिखाया कि यह तो मुर्ग़ी को चोंच मार रहा है।

'मैडम, यही इनका प्यार करने का तरीक़ा है। दरअसल, वह चुम्मी ले रहा है।'

वह शरमा गया और मैं भी!

हाय! मैं कितनी नादान हूँ।

सिक्योरिटी गार्ड ने आज पहली बार रूस्टर और मुर्ग़ी को एक साथ कमरे में बन्द किया था। मानो आज उनकी सुहाग रात हो।

मैं सोच रही थी कि सुबह मुर्ग़ी गर्भवती हो जायेगी। फिर पन्द्रह दिन में अंडे देने लगेगी। मैं रोज़ एक बाँस की डलिया में अंडे उठाने आऊँगी। एकाध अंडे को छोड़ दूँगी, ताकि मुर्ग़ी उन्हें से ले। फिर उनके चूज़े होंगे–बढ़कर और भी मुर्ग़ियाँ और मुर्गे होंगे। तब मैं अपने करीबी दोस्तों को तिनके के पिंजरे में चूज़ों का जोड़ा गिफ़्ट करूँगी।

पर अपने लिए कम-से-कम बीस मुर्ग़ियाँ तो रखूँगी। 'द मेड एंड द एग्ज़'–की कहानी की नायिका की तरह मैं भी हसीन सपनों में खो गयी!

सुबह राम सिंह की चीख़ से मेरी नींद खुली।

'क्या हुआ?' मैं बिना स्लिपर के भागकर पिछवाड़े पहुँची। रूस्टर ने मुर्ग़ी को बेतरह घायल कर दिया था रात-भर में। उसने बलात्कार किया था या नहीं नहीं पता पर मुर्ग़ी एकदम सुस्त थी और इसके काले पंखों पर ख़ून के छींटे थे। जगह-जगह उसके पंख नुचे हुए थे, वह हमें देखकर और डर गयी और टोकरी में छुप गयी।

'अबे रूस्टर! तेरी तो ख़ैर नहीं है अब।' मैं चीख़ी और मैंने राम सिंह को रूस्टर को काटने का हुक्म दिया और मेड को मसाला पीसने को कह दिया।

ख़ैर, मैंने अपने ऑफ़िस के लोगों को खाने पर बुला लिया। वैसे भी मेरे घर के निचले हिस्से को कंट्रोल रूम बनाया गया था। यानि ऑफ़िस मेरे घर से ही चल रहा था। शुरुआत में सरकार प्रवासी भारतीयों में कोरोना के बढ़ते केसेज़ के बारे में बहुत दिलचस्पी ले रही थी। हमें रोज़ कोरोना की स्थिति के बारे में रिपोर्ट करना पड़ता था। सो दो-तीन स्टाफ़ हमेशा मेरे घर के कैम्प ऑफ़िस में रहते ही थे। वे यहीं से कंट्रोल रूम चला रहे थे।

मैंने सोचा कि रूस्टर के थोड़े से कलिया बना लूँगी और बाक़ी से बिरयानी।

रूस्टर टर्की से भी बड़ा था—लगभग चार किलो का। पीस बनाकर मैंने बिरयानी के लिए दो किलो मीट को दही और 'शान' बिरयानी मसाले के साथ मैरिनेट कर दिया।

कलिया के लिए अलग से मसाले भून डाले।

राम सिंह ने चूल्हा बाहर निकाला और उस पर धीमी आँच पर बिरयानी को चालीस मिनट दम पर रख दिया।

जब बिरयानी हो गयी तो उसे ऐतिहातन नहीं खोला ताकि भाँप में मीट अच्छे से पक जाये।

फिर चूल्हे पर कलिया चढ़ा दिया। लगभग एक घंटे सीझने के बाद उसने चेक किया तो माँस बुरी तरह बस कठुआ गया था—अभी उसके पकने के कोई असार नहीं थे।

तब उसने सलाह दी कि क्यों न उसे कुकर में पकाया जाये।

'ठीक है।' मैंने सहमति दे दी।

बड़ा कुकर ढूँढ़ा गया। साफ़ किया गया। रूस्टर को उसमें ट्रान्सफ़र किया गया। लगभग दस सिटी लगाने के बाद कुकर को ठण्डा होने के लिए उतार लिया गया।

मेहमान आ गये थे।

गरम मसाले में पके रूस्टर की ख़ुशबू से पूरा घर महक रहा था।

बिरयानी अलग ही लोगों को भूख से बेहाल कर रही थी।

दो बजने वाले थे। मैंने कुकर का ढक्कन खोला।

ओ माई गॉड—न तो कलिया पका था और न बिरयानी में रूस्टर!

वैसे ही कठुआया-सा रूस्टर पड़ा था।

रूस्टर ने मरकर भी हमसे बदला ले लिया था!!

मुझे लगा कि रूस्टर यह शेर कह रहा है :

'बांग लगाकर जिसे उठाया सुबह-सुबह
बदला लेने को रात में उसने ही मेरी जान ले ली;
मैं उनकी ख़ातिर और उन पर क़ुर्बान हुआ
पर उन्हें ख़ाक कोई स्वाद न आया,
गुनाहे-ए-बेलज्जत!
मैंने भी खुदा से उनकी सजा की सिफ़ारिश कर दी!'

अब बारी थी चूज़ों पर ध्यान देने की। लॉकडाउन का समय था। पामेला के अलावा मेरा कोई सहारा नहीं था। मैंने गूगल पर पढ़कर चूज़ों को एक प्लेट में खाना और पानी रख दिया।

दो सप्ताह तक तो वे ठीक रहे। एक मुर्गी-पालक ने सलाह दी कि इनकी चोंच बहुत बड़ी मत होने दीजिए। अगर इनकी चोंच बड़ी हो गयी तो ये एक-दूसरे को घायल कर देते हैं।

'तो फिर क्या करें?'

'चोंच काट दीजिए।'

मुझे बड़ा आश्चर्य हुआ। गूगल मेरा सबसे बड़ा फ्रेंड, फ़िलोस्फर और गाइड है।

मैंने गूगल पर चोंच काटने की विधि पढ़ी। कैंची से दोनों चोंच को बारी बारी एक-एक करके काटे। एक साथ काटने से जीभ कट जाने का अंदेशा रहता है।

ख़ैर, मैं इस झमेले में नहीं पड़ी और किसी एक्सपर्ट को बुला लिया उसने बीस रुपए प्रति चिकन लिया और चोंच काट दीं।

मैं निश्चिंत थी कि अब सब ठीक है। पर सभी चिकन सोने लगे। दो दिन रात तक सब सोते ही रहे। खाने में चोंच ही डाली।

मैं फिर घबराई।

अब क्या हुआ। मैंने जानवरों के एक डॉक्टर से सम्पर्क किया।

'मैडम लगता है उनको फ्लू हो गया है, इसलिए ऐसा हो रहा है। मैं दवाई भेजता हूँ, इसे पानी में घोलकर उन्हें पिलाएँ, शायद वे ठीक हो जायें।'

'कैसे पिलायें, चम्मच से या रुई से?'

'अरे नहीं! दस मिली ग्राम यानी दो चम्मच पाँच लीटर के केन में रख दें और वे सब वही पानी पिएँगे। इसी पानी से उनकी आँख धो दें।'

'ठीक है, वैसा ही करती हूँ।'

'मुझे कल शाम को बतायें अगर ज़रूरत हुई तो मैं आ जाऊँगा।'

मैंने डॉक्टर के बताये अनुसार किया, पर तब भी बीस में से दस चूज़े मर गये। तीन और मरे–तीन दिन के बाद।

मैं दुखी हो गयी।

मेरा इन्टरेस्ट एकदम ख़त्म हो चुका था। जैसे अंडे बेचने वाली लड़की का सपना टूटा था, वैसे ही मेरा सपना टूट गया।

वे सात चिकन बड़े हुए–चार मुर्ग़े और तीन मुर्गियाँ।

सुबह-सुबह बाँग देकर मेरी नींद हराम करते थे। मैंने उन्हें पाला था सो, काटने का मन नहीं होता था। इसलिए मैंने उन्हें अपने दोस्तों को गिफ़्ट कर दिया।

बहुत मगजमारी हुई। जितने के ये चिकन नहीं थे उतने से दुगुने का तो इन्होंने चारा खा डाला। जिस कमरे में मैंने मुर्गी-पालन किया था–उसकी दुर्गंध की तो पूछिए मत। दुबारा कमरा ठीक करवाने के बीस हज़ार लग गये। दबे शब्दों में ऑफ़िस वालों ने मेरी बहुत लानत-मलामत की। मेरा मुर्गी-पालन का भूत आख़िरकार उतर गया।

कोरोना का आतंक

(जून, 2020)

कोरोना महामारी ने विश्व को हिला डाला है। पूरी दुनिया की अर्थव्यवस्था चौपट हो गयी है। लोग दहशत में हैं और मास्क लगाना 'न्यू नॉर्मल' बन गया है तो ज़रूरी है इस बीमारी के बचाव के साथ-साथ यह जानना कि कोरोना हो जाने के बाद इससे बिना अस्पताल में भर्ती हुए आप घर पर भी कैसे ठीक हो सकते हैं।

इन दिनों दक्षिण अफ्रीका में कोरोना का भयानक प्रकोप है। हर तीसरा व्यक्ति कोविड पॉज़िटिव निकल जाता है। भारत से आये यात्री यहाँ फँस गये थे। वे निवेदन कर रहे थे कि हमें भारत सरकार किसी भी तरह वापस हमारे वतन पहुँचाए। अगर मरना ही है, तो अपने देश में मरें। भारत सरकार ने भी मानवीय क़दम उठाये और विदेशों में फँसे भारतीय लोगों को वापस बुलाने के लिए 'वन्दे भारत' विमान भेजे। दक्षिण अफ्रीका से क़रीब दो हज़ार लोगों को भारत वापस भेजा गया।

यह प्रक्रिया अत्यन्त श्रमसाध्य थी। पहले एक विज्ञापन निकालना पड़ता था कि जो भारतीय वापस जाने के इच्छुक हैं वे भारतीय दूतावास या कौंसुलेट को दिये गये स्वरूप में विवरण भेजें। फिर इस लिस्ट को भारत और दक्षिण अफ्रीका की सरकार से मंजूर कराया जाता और तब विमान की प्रस्थान सूची हमें मिलती थी। फिर स्थानीय नियमों का पालन करते हुए फ़्लाइट वाले दिन एक असेम्बली पॉइंट तय किया जाता था। सारे यात्री वहाँ इकट्ठा होते और सबकी मेडिकल जाँच होती, उनसे ढेर सारे फ़ार्म भराये जाते और तब उन्हें स्पेशल बसों में भरकर एयरपोर्ट छोड़ा जाता था। वहाँ भी बहुत ऐहतियातों और चेक अप के बाद उन्हें फ़्लाइट बोर्ड कराया जाता था। भारत पहुँचने पर दस दिन का क्वॉरंटीन अनिवार्य

था। इन सबका इन्तज़ाम हमें करना पड़ता था और मैं बहुत थक जाती थी। ऊपर से बच्चे घर पर ही बैठे थे। उनको ऑनलाइन क्लास करवाना और सुबह-सुबह कम्प्यूटर के पास बिठाना अपने आपमें एक चैलेंज था। बाज़ार बन्द था। ऐसे में प्लान करके सब्ज़ी लेने हम सब ऐसे निकलते थे जैसे कहीं मोर्चे पर जा रहे हैं। कोरोना ने सबको बेहद डरा दिया था। स्थानीय सरकार ने शाम से सुबह तक चौदह घंटे का अनिश्चितकालीन कर्फ़्यू घोषित कर दिया था। मास्क और हेडगियर पहनना अनिवार्य कर दिया गया था। सारी दुकानें, होटल, रेस्टोरेंट, स्कूल और कॉलेज बन्द। सुबह हम स्वयं को तसल्ली देने के लिए घर से बाहर निकलते तो रास्ते और सड़कों के सन्नाटे दिल दहशत से भर देते। ऐसे में हम जिससे डरते थे, वही बात हो गयी। हमें कोरोना हो गया। बच्चों को भी मुझसे संक्रमण फैल गया। मेरे सहयोगियों में कई लोग बीमार थे। इस कठिन समय के अनुभव को साझा करना चाह रही हूँ। इसमें यह भाव भी शामिल है कि कोविड जैसी महामारी को हराने की ज़रूरत है–इससे डरने की नहीं।

कोविड संक्रमण में पहले के तीन दिन बहुत महत्त्वपूर्ण हैं–अगर आप इन तीन दिनों में अपना बहुत ख़याल रखते हैं और कोशिश करते हैं कि संक्रमण अन्दर फेफड़े और हृदय में न पहुँचे–तो समझिए कि आपने आधी जंग जीत ली है। अगर आपका संक्रमण सतही है तो बुख़ार उतरने के बाद बस आपको अपने इम्यून सिस्टम को मज़बूत बनाना है। अब तक कोरोना वायरस कमजोर हो चुका है। सामान्य बुख़ार और लक्षणों के होने पर पैनिक होने की ज़रूरत नहीं है। हॉस्पिटल भी नहीं जाने की ज़रूरत है–हाँ पर सारी दवाइयाँ और एहतियात बरतने की ज़रूरत है।

चार्टेड फ़्लाइट्स

इस बार दक्षिण अफ्रीका में सत्ताईस नवम्बर 2021 को बड़े दिन की छुट्टियाँ घोषित हुईं। बच्चों के स्कूल बन्द हुए। दक्षिण अफ्रीका में क्रिसमस की लम्बी छुट्टी हुआ करती है–क़रीब एक महीने तक। अक्सर प्रवासी भारतीय इसी दौरान भारत जाते हैं। काफ़ी लोग इन्तज़ार कर रहे थे कि अब जल्दी से भारत जाने को मिलेगा। अपने प्रियजनों से मुलाक़ात होगी।

ठीक इसके सप्ताह भर पहले दक्षिण अफ्रीका के राष्ट्रपति ने घोषणा की कि दक्षिण अफ्रीका में कोरोना के डेल्टा व ओमिक्रॉन स्ट्रेन मिले हैं। अचानक फ़्लाइट बन्द हो गयी और कई लोग फँस गये।

एक श्री शंकर देव कर्नाटक से यहाँ तीन महीने के एक असाइनमेंट के सिलसिले में लेसेथो आये थे। लेसेथो दक्षिण अफ्रीका से अलग होकर एक सम्पूर्ण प्रभुत्व गणतन्त्र देश है।

वस्तुतः, यहाँ भी गोरों की फूट डालो और शासन करो की नीति काम कर रही थी। उन्होंने सोचा कि कालों को कुछ क्षेत्र में सीमित कर दिया जाये तो बाक़ी अफ्रीका पर उनका प्रभुत्व रहेगा। इसी क्रम में उन्होंने स्वाजीलैंड और लेसेथो दो देश बना दिये।

ख़ैर, उसकी पोलिटिकल संरचना इस किताब के स्कोप में नहीं है। इसलिए हम अभी चर्चा करते हैं–भारतीय शंकर देव की जो भारत से यहाँ किसी बिजनेसमैन को अकाउंट्स में मदद करने के लिए आया था।

अपना काम ख़त्म करके उसने सत्ताईस नवम्बर को लेसेथो से दक्षिण अफ्रीका के जोहानसबर्ग के लिए फ़्लाइट पकड़ी थी। फ़्लाइट समय पर ओआर टोंबो एयरपोर्ट पर पहुँची थी, जो कि जोहानसबर्ग में है। तभी कतर और अमीरात एयर ने घोषणा की कि अनिश्चित काल तक कोई भी फ़्लाइट दक्षिण अफ्रीका से नहीं आयेगी-जायेगी।

इस बाधित फ़्लाइट की स्थिति में शंकर देव फँस गया। उसके पास दक्षिण अफ़्रीका का वीज़ा भी नहीं था कि वह दक्षिण अफ़्रीका में रहता या रह सकता।

पर वह चालाक था। किसी तरह छिप छिपा कर एयरपोर्ट में ही रह गया। मुझे लगता है कि किसी छोटे स्टाफ़ या अफ़सर को घूस भी दिया होगा।

दो दिन के बाद भारतीय कम्युनिटी एक्टिव हो गयी।

ऐसे मामलों को देखने के लिए कॉन्सलट या एम्बसी में काउंसलर विंग होता है।

पर ये सब प्रोटोकॉल कौन मानता है। सबको चिट्ठियाँ और मेल आनी शुरू हो जाती हैं।

इस केस में भी दुनिया भर के वीआईपी के फ़ोन और सन्देश आने शुरू हो गये।

तुरन्त ही विदेश में आरएसएस का एक विंग–हिन्दू स्वयंसेवक संघ के प्रमुख का फ़ोन आया। फ़ोन का टोन शिकायती था। जैसे किसी भी भारतीय के विदेश में फ़सने का कारण भारतीय एम्बसी ही होता है।

उनका टोन ही ऐसा होता है।

'जब भारतीय यहाँ फँस गये है और स्ट्रैंडेड हैं तो आप क्या कर रही हैं?'

'आप कौन बोल रहे हैं? कौन फँस गया है?' मैं अचंभित हो जाती हूँ उनकी सक्रियता पर और धमकाने की कपैसिटी पर।

'शंकर देव फँस गया है और उसके परिवार वाले मुझे कांटैक्ट कर रहे हैं?'

'आपको क्यों?'

मैं जान बूझकर प्रश्न कर देती हूँ।

'क्योंकि वो हमारा आदमी है। मैडम आप उस काम को प्रायऑरिटी दीजिए वरना बाक़ी तो आप ख़ुद समझदार हैं।'

ये धमकियाँ इनकी फ़ितरत है फिर भी मैं घबरा जाती हूँ।

अपने पूरे ऑफ़िस को शंकर देव को ट्रेस करने और उसकी मदद करने में लगा देती हूँ।

दो-तीन दिन में पता चलता है कि अभी शंकर देव एयरपोर्ट के इमिग्रेशन सेल में बन्द हैं।

फिर एक कवायद होती है।

इमिग्रेशन ऑफ़िस से मिलकर शंकर देव को छुड़ाने की कवायद!

मेरे अधिकारी उससे मिलने एयरपोर्ट गये।

शंकर देव ने उन्हें बताया कि उसके पास दक्षिण अफ़्रीका का न तो वीज़ा है और न ही करेन्सी।

इसलिए कुछ पैसे उसे देने पड़े। सबने अपने पॉकेट से दिये।

मैंने भी दो हज़ार रुपए भिजवाये।

इसी समय पता चला कि यहाँ से एक चार्टर्ड फ़्लाइट भारत जा सकती है बशर्ते कॉन्सलट उसके सारे अप्रूवल भारत के सिवल एवीएशन मन्त्रालय से ले ले।

साथ ही विदेश मन्त्रालय का भी सहयोग चाहिए था।

इस चार-पाँच दिन में पता चला कि लगभग सात सौ लोग विभिन्न कारणों से दक्षिण अफ़्रीका में फंसें हुए हैं।

हमने भाग-भाग कर भारतीय मन्त्रालयों से अप्रूवल लिए और आठ दिसम्बर को एक फ़्लाइट भारत जाने को तैयार हो गयी।

पूरी फ़्लाइट फुल बुक थी।

पर शंकर देव का क्या हुआ ?

नहीं वह इस फ़्लाइट में नहीं जा सका।

वह लेसेथो से जोहानसबर्ग नहीं आ सका क्योंकि उसकी फ़्लाइट छूट गयी।

सड़क मार्ग से वह आ नहीं सकता था क्योंकि उसके पास दक्षिण अफ़्रीकी वीज़ा नहीं था।

'अब?'

'अब क्या उसे दस दिन के लिए दुबारा लेसेथो में रुकवाने के लिए लेसेथो और दक्षिण अफ़्रीकी सरकार की अनुमति लेनी पड़ेगी। सारे खर्चे उठाने पड़ेंगे और टिकट के भी पैसे देने पड़ेंगे'?

फिर उसे दस दिन बाद भारत जाने वाली फ़्लाइट में भेजना पड़ेगा।

मैंने माथे पर हाथ ठोकते हुए सोचा।

बाद में यही हुआ। उसकी पत्नी दुबारा सक्रिय हुई और कहा कि अभी उन्हें मत भेजिए। जब मुम्बई की फ़्लाइट चलेगी तब भेजिएगा। पर हमें शंकर देव की मेहमान नवाज़ी के अलावा भी अनेक काम थे, सो उसकी यह अर्ज़ हम नहीं सुन सके।

जो लोग और भारतीय संस्थाएँ हमें धमका रही थीं और शंकर देव के सारे खर्चे उठाने की बात कर रही थीं—अब उन्होंने हमारे फ़ोन उठाने छोड़ दिए थे। पर हमें तो इसकी आदत हो चुकी है।

भारतीय समुदाय ऐसे ही व्यवहार करता है।

ख़ैर ओमिक्रॉन के दौर में हमने सिर्फ़ चार चार्टर फ़्लाइट्स की हैं और अभी और भी सम्भावना बनी हुई है। इन चार फ़्लाइट्स में हमने क़रीब नौ सौ लोगों को भारत भेजा। पहली फ़्लाइट के वक्त मैं ख़ुद तीन बजे सुबह हवाई अड्डे पहुँची और यात्रियों से मुलाक़ात की। कई भारतीय अपनी कारगुज़ारियों से बाज नहीं आते। वे नक़ली रिपोर्ट लेकर आये थे। इसलिए फ़्लाइट में नहीं जा सकते थे। स्थानीय प्रशासन उस मामले में बहुत सख़्त है। शायद वे लोग बाद में क्रू मेम्बर को घूस देना चाह रहे थे क्योंकि इस फ़्लाइट में जाने के लिए वे कुछ भी कर सकते थे। पर अफ़सोस वे न जा सके।

मैंने भी कोशिश की, पर सफल हुई? क्रू ने यह तर्क देकर मुझे निरुत्तर कर दिया कि 'मैडम, मान लीजिए ये आदमी सचमुच पॉज़िटिव है और नक़ली रिपोर्ट लेकर आया है तो पूरी फ़्लाइट के ऊपर संक्रमण का ख़तरा बढ़ जायेगा।' मैंने इन लोगों को समझाया और उसी पैसे में अगली फ़्लाइट में ले जाने का आश्वासन दे दिया। वे फिर अगली फ़्लाइट में ही जा सके थे।

शंकर देव भी कुनमुनाते हुए अगली फ़्लाइट में ही गया। उसे दुःख था कि भारत सरकार उसके लिए क्यों नहीं बंगलुरु तक डायरेक्ट फ़्लाइट चला रही है।

यह कविता एक सहयोगी श्री विनोद कुमार मिश्रा से साभार ली गई है। उस समय 'बन्दे भारत' फ़्लाइट भेजने में जो दिक़्क़तें आईं उसको उन्होंने लिपिबद्ध किया है।

भारत के बन्दे और बन्दे भारत

घर गये फिर...कोई तीन सौ बन्दे...
तीन महीने की चिक चिक हुई ख़त्म
ख़तम नहीं...बस थोड़ी कम
खा गये सर...पका गये भेजा
अभी तो सिर्फ़ आधों को है भेजा
मेरी एक्सेल शीट के बेशुमार बन्दे...

कुछ खास बन्दे, कुछ आम बन्दे...
लड़ाकू बन्दे, पढ़ाकू बन्दे
देसी और अंग्रेज़ी चाल बन्दे
बन्दे भारत की आस लगाये
भारत के ये बदहाल बन्दे

देखने की बात तो दूर...
हक्की पिक्की
नाम भी किसने सुना था?
विकिपीडिया ने बताया वो कर्नाटक से आते हैं,
जड़ी-बूटी और तेल लाते हैं
मुझे तो लगता है सब बिल्कुल झूठ है
सरफिरे सब सर खाते हैं...
जब देखो तब फ़ोन लगाते हैं...
बाबूजी, खाना ख़तम हो गया
बाबूजी, होटल वाला पैसे माँग रहा
सर नमस्ते, हमारा टिकट कटवा दो सर
बाबूजी...बाबूजी की रट
बस करो यार, हो गयी हद,
मुँह उठाये चले आते हैं कमबख़्त
दक्षिण अफ़्रीका में भला इनका क्या काम?
कौन है यहाँ उनसे लाल-पीले तेल ख़रीदने वाला
जाने भी दो, चोर उचक्के होंगे,
पता नहीं वीज़ा भी लगवाया था या नहीं

ख़ैर टली बला
वापस गये सब अपने घर
पर वो तो शायद बेघर हैं...
नहीं, सिर्फ़ बे-मकाँ होंगे

घर तो सबका होता है, ऐसे घुमन्तुओं का भी
ज़मीं पर ना सही, ख़यालों में ही सही
ख़यालों से भी ज़्यादा सपनों में...
मुझे याद है उन्होंने कहा था घर जाना है,
इंडिया जाना है
घर बैठे भूख नहीं मिटती हर हमेशा,
तब भाग लेते ये दुबई और जोहानसबर्ग
सुना है नामीबिया, रवांडा और मोजाम्बीक में भी हैं
कैसे लाँघते हैं इतनी सीमाएँ?
यहाँ तो सीधी उड़ान भी नहीं...
सब हो जाता है साहब...
चारज लगता है हर जगह
थोड़ा-बहुत बच जाता है बाल बच्चों के लिए
पर इस बार सब बन्द है,
कोई धन्दा नहीं साहब
घर भिजवा तो साहब,
हम 28 जने हैं, इंडिया के हैं सब
फिर चलाया चापलूसी का नया जुमला...
भारत माता की जय!
पता है इन्हें अफ़सर ख़ुश होते हैं!
चलो आगे बढ़ो, और भी लोग हैं...

ई-मेल पर 156 नयी दस्तक
व्हाट्सएप्प पर 268 गुहार
44 मिस्ड कॉल
एक डिस्प्रिन लाओ यार...

होटल में काम करते थे सर,
अब बैठे हैं चार महीने से

इंडिया भेज दो सर...उधारी भी नहीं मिल रहा
बहुत परेशान हैं सर,
टिकट में थोड़ा कम करा देते तो अच्छा होता...

सर मत खाओ भाई, हवाई जहाज़ मेरे ताऊ का नहीं है
रजिस्टर कर लिया है, नम्बर आयेगा तो बतायेंगे
रक्खो फ़ोन, दूसरा कॉल आ रहा...

सर आई एम पल्लवी, लास्ट वीक आपसे बात हुई थी
माँ आईसीयू में है सर...लास्ट फ़्लाइट में भी आपने एश्योर किया था...
हाँ हाँ...तुम्हारा नाम लिस्ट में लिस्ट में ऊपर है...यू आर गोइंग दिस टाइम...

हैलो...अच्छा, एडजस्ट करना है? तीन स्टूडेंट्स हैं?
कहाँ पुमालांगा में? कोई बात नहीं, देखते हैं...
क्या? उन दोनों को भी? दिल्ली से सिफ़ारिश है?
पर कैसे करें? एक अनार सौ बीमार...
सर, माँ इंडिया में अकेली है, कोई देखने वाला नहीं
सर, वाइफ इज़ प्रेगनंट, आई मस्ट गो...
सर, मेरा वहाँ कैंसर का इलाज चल रहा, प्लीज़ कंसीडर....
सर बाबूजी नहीं रहे, जल्दी जाना होगा
सर, सर, सर...

खा गये मेरा सर...पका गये भेजा
बन्दे भारत की आस लगाये
भारत के ये बदहाल बन्दे,
मेरी एक्सेल शीट के बन्दे...
कुछ ख़ास बन्दे, कुछ आम बन्दे...
लड़ाकू बन्दे, पढ़ाकू बन्दे
देसी और अंग्रेज़ी चाल बन्दे

सबके सब बेहाल बन्दे
एक नाम और नम्बर के पीछे
कहानियों के सैलाब बन्दे

सब कहानियों के आख़िर में एक ही ख़बर
जाना है इंडिया...जाना ही है घर
क्या करोगे भाई इंडिया में?
देखते नहीं कोविड है चारों तरफ़
क्वेरेनटाइन भी तो हो जाओगे

सर कोविड तो यहाँ भी है
हम वहीं जायेंगे
मरना है तो घर पे ही मरेंगे
उम्मीद की छत, मोह की चहारदीवारी
घर जो देती है...
गठरी उठाये हज़ारों मील चल देने की ताक़त!
भूख से लड़ने की ताक़त
सुकून से मरने का हौसला
इस दुनिया की सबसे बड़ी जगह
जाना ही है तो जाओ,
मेरा क्या?
अच्छा है बला टली
एक नहीं, कोई तीन सौ बला
महीनों की चिक-चिक हुई ख़त्म
ख़त्म नहीं...थोड़ी कम
एक्सल शीट के नाम और नम्बर,
अभी कहाँ ख़त्म होना है
आख़िर वाइरस का असर है!!

खण्ड-II

पहला दिन : बुख़ार

मुझे बाईस जुलाई को बुख़ार आया। यह बुख़ार कुछ अलग तरह का था। शरीर में बहुत दर्द वाला। नाक भी जम गयी थी। मुझे थोड़ा बहुत शक तो हुआ कि कोरोना हो सकता है, पर लक्षण इतने कन्फ्यूजिंग थे कि लगा कि साधारण फ्लू भी हो सकता है। मैं प्रतिदिन दस-बारह किमी टहलने जाया करती थी। उस दिन गुरुवार था–हमने बारह किमी वाक़ किया। रास्ते में कचनार का एक पेड़ फूलों से लदा मिला। उसे तोड़कर घर लायी कि इससे पकौड़े बनाऊँगी। तब तक मेरी एक कुलीग कनुप्रिया का फ़ोन आया कि वे टेस्ट में कोरोना पॉज़िटिव आ चुकी हैं और उनको बहुत तेज़ बुख़ार है। पर अभी तक तो मुझे कुछ ऐसा वैसा नहीं महसूस हो रहा था। मैंने चावल को पटिया पर पीसकर कचनार के फलों से बचका (पकौड़े) बनाया। थोड़ा-सा पैक कर कनुप्रिया जी को भी भिजवा दिया। मैंने चावल-दाल और बचका ख़ूब खाया।

शाम तक शरीर थोड़ा-थोड़ा दुःख रहा था। नाक बहुत जमी हुई प्रतीत हो रही थी। मैंने एंटी एलरजेंट खाया और सोने का प्रयास किया पर मुझे हिस्टमिन के दौरे पड़ जाते थे और छींककर हाल बेहाल हुआ जाता था।

फिर भी मैंने जैसे-तैसे डिनर बनाया–आलू और गोभी की सब्ज़ी और भिंडी की भुजिया। साढ़े सात बजे बच्चों को खाना खिलाकर ख़ुद खाया और टीवी रूम में नेटफ्लिक्स खोल लिया। कोई बकवास-सी-सीरीज़ 'मैचमेकिंग' आ रही थी। 'आई ऐम सीमा तपारिया फ्रोम मुम्बई!' वह लेडी इतनी उबाऊ थी कि मैंने आठ बजे ही टीवी बन्द कर दिया।

अब मुझे ज़बरदस्त कंपकंपी होने लगी थी। बाँहों पर रोयें उठ-उठ जाते थे।

मुझे विश्वास हो गया कि यह आम बुख़ार नहीं है, पर मैंने धैर्य बनाये रखा। एक पेरासीटामोल और एंटी एलरजेंट लेकर मैं सो गयी। रात को एक बजे होंगे, जब मेरी नींद खुली। शरीर बुख़ार से तप रहा था। जोड़ों में बेहद दर्द था और मुँह सूख रहा था। मैंने फिर से पेरासीटामोल और एंटी एलरजेंट खाया, ढेर सारा पानी पिया, एक एक्स्ट्रा मिंक ब्लांकेट ओढ़ लिया और सोने का प्रयास करने लगी। क्या मुझे भी कोविड हो गया है? बच्चों का क्या होगा–अगर मुझे हॉस्पिटल में भर्ती होना पड़ा तो? मेड भी भाग जायेगी और आइसोलेशन में बच्चे बेहाल हो जायेंगे।

हे भगवान! मुझे कोविड मत देना और मज़बूत बनाये रखना!

मैंने प्रार्थना की और सो गयी।

दूसरा दिन : कठिनतर

सुबह बुख़ार नहीं था, पर पूरे शरीर में कमज़ोरी व्याप रही थी।

आज शुक्रवार था, सप्ताह का अन्तिम दिन। मैंने ऑफ़िस में फ़ोन से बता दिया कि अगर ज़रूरी काम हो तो घर भेजें, आज ऑफ़िस नहीं आ पाऊँगी। वैसे भी हर शुक्रवार को ऑफ़िस प्रांगण को कोरोना-काल में सैनिटाइज़ किया जाता है और ज़रूरी काम अपने निजी कम्प्यूटर पर निपटा लिया जाता है। इसी सप्ताह एक लोकल स्टाफ़ कोरोना पॉज़िटिव पायी गयी थी, इसलिए भी तैंतीस प्रतिशत स्टाफ़ ही ऑफ़िस बुलाये जा रहे थे। मेरा अनुमान था कि अगर मुझे कोरोना भी होगा तो वीकएंड में आराम करने पर बहुत हद तक ठीक हो जायेगा। शुक्रवार को मेरी एक और अधिकारी–शालिनी शर्मा कोविड पॉज़िटिव पायी गयी। वह नर्वस थी क्योंकि बेचारी को पहले कैन्सर हो चुका था। दो साल पहले ही उसने कैन्सर को हराया था। वह बहुत डर रही थी कि उसे कोरोना न हो जाये और वही हो गया था।

मैंने शालिनी को सांत्वना दी और कहा कि कोरोना साधारण फ़्लू जैसा ही है। बस ढेर सारा विटामिन और सपलीमेंट लेते रहो। शालिनी मायूस थी, कनुप्रिया परेशान थीं। कनुप्रिया अपने पापा और माँ की दुलारी बेटी हैं और जैसे ही भागलपुर में उनके पिताजी को खबर पहुँची वहाँ रोना-पीटना शुरू हो गया। बड़ी मुश्किल से उनके पिताजी को चुप करवाया गया। उनकी माँ को तो बहुत दिनों तक बताया भी नहीं गया। शालिनी और कनुप्रिया जी को लग रहा था कि मुझे भी कोरोना है और जाँच करवा लेनी चाहिए, पर वे मेरा लिहाज़ करके नहीं बोल पा रही थीं।

मैं समय के साथ तोल-मोल कर रही थी कि ऑफ़िस में ही सबकी जाँच के साथ-साथ मेरी भी जाँच हो जाये तो उससे सबका मनोबल भी बढ़ेगा और मुझे

अनावश्यक हॉस्पिटल के चक्कर नहीं लगाने पड़ेंगे। मेरे परिवार में सबको पता है कि हॉस्पिटल जाने के नाम से ही मुझे चक्कर आते हैं।

मैंने अपने डरबन काउंसल जनरल ऑफ़िस से पूछा कि सबकी एक साथ जाँच करवाने के क्या नियम हैं? तब पता चला कि ऐसा किया जा सकता है। हमारे पैनल डॉक्टर-लैब टेकनिशियन और नर्स को भेजकर सबका सैम्पल इकट्ठे ले जायेंगे और कल तक लैब वाले सबके परिणाम ई-मेल कर देंगे। वाह! यह तो बहुत ही बढ़िया होगा। मैंने सहर्ष सहमति दे दी। तब मैंने सबके लिए डॉक्टर से सोमवार के लिए समय ले लिया। सब लोग मुझे मन ही मन और फुसफुसाकर कोस रहे थे कि क्यूँ नहीं मैडम अपना टेस्ट पहले करवा लेती। यही सबको कोरोना फैला रही हैं। मुझे लगा कि मान लिया जाये कि अगर मुझे कोरोना है तब भी तो वही दवाइयाँ खानी है मुझे। जब कोरोना की कोई वैक्सीन ही नहीं है, कोई स्पेशल एंटीबायोटिक भी नहीं–तो पहले टेस्ट करवाओ या बाद में क्या फ़र्क़ पड़ता है!

पर बाक़ी लोगों को काफ़ी फ़र्क़ पड़ रहा था। वे डर रहे थे कि मैं आसपास कोरोना फैलाऊँगी। मेरे तीन छोटे बच्चे हैं। बड़ी बेटी सोलह साल की होने वाली है, छोटी बेटी पाँच साल की और बेटा जो औटिस्टिक है–सात साल का है।

लोगों को बच्चों की ही अधिक चिन्ता हो रही थी क्योंकि वे छोटे हैं। हरेक देश में सारे अस्पताल खचाखच भरे हैं। कहीं भी भर्ती होने के लिए मारामारी है। सो मुझे अगर कोरोना है भी तो कोई बात नहीं, पर बच्चों को नहीं होना चाहिए।

जैसे साहस देखने से साहस बढ़ता है, वैसे ही डर से डर पैदा होता है।

अब मुझे भी थोड़ा-सा डर लगने लगा था। कनुप्रिया और शालिनी ने मुझे फ़ोन करके जल्दी टेस्ट करवाने को दुबारा कहा। मैंने उन्हें समझाया कि अब सप्ताहांत में हॉस्पिटल में भी टेस्ट करवाने में मुश्किल होगी। क्योंकि वहाँ इतनी लम्बी लाइन होती है कि अकेले जाकर लाइन में लगकर टेस्ट करवाना काफ़ी श्रमसाध्य हो सकता है। मुझे चक्कर भी आ सकता है। वे दोनों फिर भी असन्तुष्ट लगीं, पर मैं क्या कर सकती थी–सोमवार के इन्तज़ार के अलावा!

शाम होते-होते मुझे कंपकंपी और बुख़ार ने धर दबोचा। क़रीब सौ डिग्री बुख़ार था। मैंने फिर से पेरासीटामोल और एंटी एलरजेंट खाया, विटामिन-सी की लगभग दो हज़ार एमजी डोज़ ली और जल्दी ही सो गयी।

तीसरा दिन : आदि और मोना बीमार हो गये

सुबह उठी तो बदन बहुत टूट रहा था। मुँह सूखा और गले में खराश थी। मुँह का टेस्ट चला गया था और स्मेल भी। आज शनिवार था। अभी तो अड़तालीस घंटे शेष थे, जब मेरा टेस्ट होगा। मेरे मित्र तो कह रहे थे कि पहले ही टेस्ट करवा लो! मैंने अपनी ज़िद ठान ली थी कि सबके साथ ऑफ़िस में ही टेस्टिंग हो जायेगी।

एक्चुअली, जब से मेरे बाबूजी का देहान्त अस्पताल में हुआ है–किसी भी काम के लिए अस्पताल जाने की सोचना भी मुझे बीमार बना देता है। इसलिए, मैं हर दम इसे टालती रहती हूँ।

ख़ैर, मैंने अपने बिखरते मनोबल को इकट्ठा किया। बच्चे मेरी ओर जिज्ञासा और आशा से देख रहे थे। अगर मुझे और इन्हें कोरोना हो जाता है तब एक लम्बी लड़ाई हम चारों को लड़नी पड़ेगी! और माँ के रूप में मैं अपने आपको कमज़ोर नहीं दिखा सकती!

मैंने सिक्योरिटी गार्ड और ड्राइवर को आवश्यक सामान-सब्ज़ियाँ, फल, केक, बिस्कुट, आइसक्रीम, चॉकलेट, विटामिन-सी, बी, डी और ज़िंक की गोलियाँ लाने के लिए भेज दिया।

मेड को बोलकर बच्चों के लिए रसमसूप बनवाया। मेरा मन नहीं हो रहा था फिर भी थोड़ा-सा सूप पिया।

बाज़ार से सारा प्रोविज़न मंगाकर सैनिटाइज़ करवाकर फ्रिज में रखवाया।

शाम को फिर से फ़ीवर का दौरा आया। मेरे दाँत कटकटाने लगे। मैंने फिर से पेरासीटामोल खाई, स्टीम ली और मोटा कम्बल लेकर सोने का प्रयास करने लगी।

परन्तु, मेरी साँस छोटी होती प्रतीत हो रही थी। लगता था कि छाती पर बहुत दर्द भरा बोझ हो। मैं घबरा गयी। बच्चे मेरे निर्देशानुसार बाहर टीवी रूम में सो

रहे थे। वहाँ हीटिंग भी नहीं थी। मुझे लगा कि शायद यह मेरी आख़िरी रात है, मैं अपने तीनों मासूम देवदूत से बच्चों को सोता हुआ निहार रही थी! मेरी आँखों से आँसू झरने लगे।

शनिवार को हम सब हनुमान चालीसा और संकट मोचक सुनते हैं। मैंने अगरबत्ती जलायी और हनुमान जी की तस्वीर के आगे मेरे हाथ प्रार्थना में अपने आप जुड़ गये।

मैं बिलखने लगी।

'हे संकट मोचक हनुमान जी, मेरे बच्चों की रक्षा करो। मेरी रक्षा करो। इस संकट और चरम रोग से विश्व को निजात दिलाओ। अभी मुझे अपने बच्चों की ज़िम्मेदारी उठानी है। मेरे सिवा उनका कोई नहीं है–देखभाल करने को। आदि को तो बोलना भी नहीं आता। उसे कुछ होगा तो बहुत मुश्किल हो जायेगी'।

मैं आइसोलेशन भुलाकर वहीं बच्चों के बीच जगह बनाकर सोने की कोशिश करने लगी।

तब लगा कि मुझे इन बच्चों की अधिक ज़रूरत है। ये मेरी ताक़त हैं। मैं इनकी पालनहार तो हूँ ही अब इनकी ताक़त बनूँगी। हम एक-दूसरे के लिए ताक़त बनेंगे!

मुझे दुबारा बच्चों से बहुत प्यार हो गया।

अभी डिनर बनाना बाक़ी था।

मोना और आदि का मुँह सूखा हुआ था। आदि–मोना को खुश करने के लिए मैं नीचे किचेन में इडली बनाने गयी कि पता चला–आदि को उल्टी हुई है और पतले दस्त लग गये हैं।

मैंने तुरन्त उसे ओंडेम दिया और अपने मन से एक एंटी एलरजेंट दिया। वह बिना खाना खाये ही सो गया। मुझे तो भूख लग ही नहीं रही थी। बड़ी बेटी बुबु को साम्भर-चावल दे दिया और शाम के आठ बजते ही बच्चों के बीच जगह बनाकर सोने का प्रयास करने लगी।

यही सोचते-सोचते कब मेरी आँख लग गयी–पता ही नहीं चला।

चौथा दिन : उल्टियाँ

जब सुबह आँख खुली तो घर में अफ़रा-तफ़री मची हुई थी। छोटी बेटी को सुबह से दो बार उल्टियाँ हो चुकी थी। वह गन्दगी में लिथडी हुई रो रही थी और पामेला (मेड) उसे ज़बरदस्ती नहला रही थी।

'हे भगवान!' 'लगता है कि मोना को भी कोरोना हो गया?'

'अब क्या होगा?' मेरे तो हाथ-पाँव फूल गये।

अब क्या करूँ!

मैंने तुरन्त डॉक्टर को मैसेज किया कि मेरी पाँच साल की बच्ची भी उल्टियाँ कर रही है। कल आदि भी उल्टी कर रहा था। क्या उन्हें कोरोना हो गया है? मदद करें।

डॉक्टर का उत्तर आया–'क्या आपका कोरोना टेस्ट हुआ है?'

'अभी नहीं! कल होगा।'

'तब घबरायें नहीं, आप अपने पूरे परिवार का कोरोना टेस्ट करवा लें, तब तक उसे थोड़ा-सा ओंडेम दे दें, और डीहायड्रेशन से बचाने के लिए ओआरएस घोल पिलाते रहें।'

'ओके, धन्यवाद।'

मैंने तब कोरोना होने पर हर सम्भव इलाज और दवाइयों को नेट पर खोजने की कोशिश की।

ग़नीमत थी कि छोटी बेटी की उल्टियाँ शाम तक थम गयीं।

मैंने सबको पेरासीटामोल, एंटी एलरजेंट, विटामिन और ज़िंक सपलीमेंट दिया और ख़ुद भी खाया और सो गयी।

अगले दिन हमारा कोविड टेस्ट होना था।

पाँचवाँ दिन : वी आर नथिंग बट स्ट्रॉन्ग!

सुबह मुझे नहाने का एकदम मन नहीं कर रहा था। शरीर बेतरह टूट रहा था।

अभी भी मुझे बुख़ार आ रहा था। सुबह किसी तरह नहाकर पूजा की। सावन का तीसरा सोमवार था। हमें ग्यारह बजे कोरोना टेस्ट के लिए सैम्पल देने ऑफ़िस जाना था। मैंने तीनों बच्चों और मेड तथा गार्डनर को लिया और वक्त से पहले ही ऑफ़िस चली गयी। डॉक्टर की टीम एक घंटे बाद आयी वह भी मेरे रिक्वेस्ट करने पर कि थोड़ा जल्दी आ जायें।

मेरा एडमिन तो एकदम बकलोल था। वह किसी भी पैनल डॉक्टर के सम्पर्क में नहीं था। किसी को ऑफ़िस बुलाकर सबका सैम्पल एक साथ देना उसे आकाश कुसुम-सा लग रहा था।

तब मैंने एक इंडियन कम्युनिटी लीडर की मदद से अपने पैनल डॉक्टर मण्डल का विस्तार किया और डॉक्टर हीरा को समेकित टीम भेजने के लिए मना लिया।

मेरे बारे में नर्स को पहले ही बता दिया गया था कि एक संदिग्ध-सम्भावित कोरोना पेशेंट मौजूद है—इसलिए सबसे पहले मेरा सैम्पल लिया गया। नकबसा में एक तार सा अन्दर तक ठूँसकर! मुझे बेतरह दर्द हुआ और नाक से ख़ून गिरने लगा। बच्चे मुझसे अधिक संयत थे। हम सबको सैम्पल देकर ही बेहद राहत लग रही थी।

मुझे पूरा यक़ीन हो चला था कि मुझे फ़्लू ही है—कोविड नहीं!

पर ऑफ़िस वाले बहुत डरे हुए थे और उनमें कानाफूसी जारी थी कि मैडम को अवश्य ही कोरोना होगा! क्योंकि सप्ताह भर पूर्व ही मैंने घर में रुद्राभिषेक करवाया था जिसमें ऑफ़िस के काफ़ी लोगों ने भाग लिया था, कनुप्रिया और शालिनी पाठक उनमें शामिल थीं और दोनों को कोरोना डाइग्नोस हो चुका था!

ख़ैर, हमने सैम्पल दिया और फिर घर का राशन-सब्ज़ी ख़रीदने 'पिक न पे' मकान में चले गये।

घर आकर बेहद थकान हो चली थी, इसलिए हम सब सो गये। सोमवार का मेरा व्रत भी था। सबने मना किया कि व्रत मत रखो–ख़ासकर मेरे पति ने। उसने उन दिनों मुझे इतना नर्वस करने की कोशिश की कि मैंने उसका फ़ोन उठाना बन्द कर दिया था।

मैंने शाम को संध्या पूजन करके व्रत खोला–थोड़ा-सा खाना खाया। शरीर बुख़ार से तप रहा था। पेरासीटामोल खा खाकर मेरा पेट फुंक गया था। जीभ में ढेर से छाले पड़ गये थे। पिछले चार दिनों से बुख़ार लगभग बना हुआ ही था। ऊपर से नाक बन्द और गले में दर्द और ख़राश थी। रात में मैंने फिर से पेरासीटामोल और एंटी एलरजेंट का ओवरडोज़ लिया और सो गयी।

अगर आपको नींद नहीं आ रही है तो आप एक पेरासीटामोल और एंटी एलरजेंट लेते हैं तो आपको जल्दी नींद आ सकती है। मेरे साथ यह कॉम्बिनेशन हमेशा काम करता है। मैं बहुत थकान वाले दिनों में भी ये दवाएँ ले लेती हूँ–और सो पाती हूँ।

सोने से पहले मैंने अच्छी कल्पना करके एक कविता भी लिखी।

-कोरोना-

इस सुनसान शहर की
पतझड़ भरी पगडंडियों पर
जब रास्ते चिनार के लाल-पीले
पत्तों से भर गये हैं,
तूफ़ानों के हु-हु से
टकराकर उकड़ी डालियाँ,
उनके सर्वथा सूख जाने का सन्देह पैदा करती हैं
तब भी मैं सिर्फ़ बसन्त के बारे में सोचती हूँ
मेरे मन में खिले रहते हैं
स्नो ड्यू, डैफ़डिल, चेरी ब्लॉसम
सफ़ेद सेमंती और रंग-बिरंगे गुलदाउदी;

इस तनहा अकेलेपन से गुज़र जाने का
यही एक रास्ता है–
पतझड़ से बाहर की ओर
शीत से बसन्त
और कोरोना से आरोग्य की ओर।
इक्का-दुक्का आर्मी–वैन और ऐम्बुलेंस के
कर्कश सायरन के मध्य मैं कल्पना करना नहीं भूलती
कि अबकि मधुमास अति मधुमय होगा
जब बीमारी से मनुष्य विजयी होगा
फूलों से भरी बरथियों में उसका अभिषेक होगा

मैं कोरोना जैसे वायरस के बारे में क्यों सोचूँ!
अगर, फूलों के बारे में सोच सकती हूँ
मैं हार क्यों मान लूँ, जब मैं लड़ सकती हूँ
मैं क्षणिक दुःख में क्यों रोऊँ–
जब मैं फ़ाइनल जीत सकती हूँ!
मैं मरने के लिए क्यूँ मरूँ,
जब मैं जी भरकर जी सकती हूँ!

छठा दिन : नॉट सो लकी!

मुझे ख़ुद से अधिक बच्चों की चिन्ता हो रही थी।

मेरा ऑटिस्टिक बेटा तो मुझे छोड़कर एक पल भी अकेले नहीं रहता। छोटी बेटी बस पाँच साल की है, वह कैसे 'सोशल डिस्टेन्सिंग' समझ पायेगी?

बड़ी बेटी डरपोक और मासूम है। अभी तक हम लोग क्वीन साइज़ बेड में चार लोग सो रहे थे, क्योंकि कोई भी मुझको छोड़कर अकेले सोने को राज़ी न था!

तब बड़ी मुश्किल से एक एक्स्ट्रा सिंगल बेड कमरे में ठूँसा गया। कमरे का कलेवर विकृत हुआ पर बड़ी बेटी बुबु बड़ी मुश्किल से उस पर सोने को राज़ी हुई।

अब क्या होगा? कैसे इन लोगों को सोशल डिस्टेन्सिंग का पालन करवा पाऊँगी।

मैंने बुबु को धैर्य से समझाया!

वह इस बात के लिए राज़ी हुई कि वह और मोना सिर्फ़ रात को सोने टीवी रूम में चले जायेंगे। आदि ममा के साथ ही सोएगा!

तब उससे क्या फ़ायदा?

इसमें तो पन्द्रह मिनट से अधिक एक साथ और नज़दीक नहीं रहना है। और जो बच्चे दिन-रात मेरे साथ रहेंगे—या सिर्फ़ रात को सोने दूसरे कमरे में जायेंगे—तो कैसे बचाव हो पायेगा?

आदि तो लिपटकर ही सोता है। पता नहीं उसे क्या इन्सिक्युरिटी है कि रात में सोते में भी मुझे जकड़कर पकड़े रहता है!

हे भगवान! अब क्या करूँ? तुम ही कोई रास्ता सुझाओ!

मैंने कनुप्रिया और शालिनी को फ़ोन किया तो उन लोगों ने भी अलग कमरे और सोशल डिस्टेन्स पालन करने की बात कही।

शालिनी ने बताया कि उसने स्वयं को मास्टर बेडरूम में लॉक कर लिया है। कनुप्रिया ने भी बताया कि वे भी अपने बेड रूम में बन्द हैं क्योंकि उनके पति और बेटा कोविड नेगेटिव आये हैं।

(शालिनी कह रही थी, कि वे लोग फ़ॉल्स नेगेटिव बता रहे हैं!)

तब मैंने शालिनी से पूछा कि जेन जो हमारी लोकल स्टाफ़ है और पॉज़िटिव आयी है–वह एक कमरे के घर में कैसे सोशल डिस्टेन्स फ़ॉलो कर रही है, जबकि उसका चौदह साल का एक बेटा भी है!

शालिनी ने बताया कि वह डॉक्टर के निर्देशानुसर दिन-रात मास्क और ग्लव्ज़ पहने रहती है।

मैंने तब डॉक्टर से पूछना बेहतर समझा कि हो सकता है कि कोई स्पेशल मास्क, पीपीई किट और ग्लव्ज़ हों–जिससे बच्चों का बचाव हो सके!

डॉक्टर हीरा ने बताया कि आज तक के आँकड़े में बच्चों को बहुत कम कोरोना संक्रमण हुआ है। आप अगर ग्लव्ज़ और मास्क पहने थोड़ा भी अलग रहती हैं, तो उन्हें संक्रमण के कम चान्सेज़ होंगे!

ठीक है, मैं मास्क और ग्लव्ज़ पहनकर रहूँगी!

मैंने निश्चय किया!

दूसरे दिन बच्चों की रिपोर्ट आयी। मेरी बड़ी बेटी बुबु पॉज़िटिव थी और छोटे दोनों बच्चे नेगेटिव थे।

बुबु की उसी दिन थर्ड टर्म परीक्षा शुरू होने वाली थी। वह नाक-मुँह पोंछती हुई कम्प्यूटर के सामने ऑनलाइन परीक्षा में बैठ रही थी। रिपोर्ट देखकर मेरे मुँह से चीख़ निकलते-निकलते रह गयी।

'अभी नहीं! अभी पॉज़िटिव बताकर मैं उसका मनोबल नहीं तोड़ सकती।' मैंने बाथरूम में सोचा और बाहर निकलकर चेहरे पर बड़ी-सी मुस्कान चिपकाते हुए उसे बताया–'बुबु तुम तीनों नेगेटिव आयी हो। अब तुम तीनों एक साथ सोना। ममा को आराम करने देना।'

'ममा! पर मुझे नाक और गले में बहुत दर्द है। बॉडी में भी बहुत टूटन है।' बुबु ने नाक पोंछते हुए कहा।

'अरे! फ़्लू का भी तो यही सिम्प्टम है। हो सकता है तुम्हें भयंकर फ़्लू हो रखा हो। पर क्या फ़र्क़ पड़ता है? फ़्लू और कोरोना की दवा तो एक ही है। इन फ़ैक्ट, फ़्लू में तो अज़ेथरोमयसिन एंटीबायटिक खा ली तो गले और नाक दर्द से तुरन्त राहत मिलेगी।

मैंने अपनी मेड पामेला को बुलाया और ख़ुद ही सबके लिए दवा की डोज़ बनायी।

सुबह–पेरासीटामोल, एंटी एलरजेंट, विटामिन-सी, बी, डी

दोपहर–ज़िंक, आइरनफॉलिक, एफ़्फ़ेरऐक्सेंटफ़्लुटेक टैब्लेट

रात–पेरासीटामोल, एंटी एलरजेंट, ओमेगा, मल्टीविटामिन, नेज़लड्रॉप, और खाँसी का सिरप!

मैंने पामेला को निर्देश दिया कि सबको तीन बार ये सारी टैब्लेट खानी हैं। पामेला को भी! मैंने उसे बिठाकर समझाया कि मेरी रिपोर्ट कोरोना पॉज़िटिव निकली है–और बच्चे और वह स्वयं नेगेटिव आये हैं। अब दो सप्ताह तक मैं घर में ही यथासम्भव अलग रहूँगी और पामेला को सबका अधिक ध्यान रखना होगा।

लेकिन, पामेला डर गयी। वैसे भी कोरोना से विश्व के देशों के प्रधान मन्त्री, राष्ट्रपति और सारे महानायक डर चुके हैं। लॉकडाउन खुलने की जगह पर और अपने शिकंजे कसते चले जा रहे हैं। कोरोना हो जाने पर तो परिवार वाले तक मरीज़ों को छोड़कर भाग जाते हैं, तो बेचारी मेरी निरीह मेड–पामेला क्या चीज़ है।

उसके पास तो कोई स्थायी ठिकाना नहीं है। वह ज़िम्बाब्वे से यहाँ अपने दुधमुँहे बच्चे को अपनी बहन के भरोसे छोड़कर और अपने निकम्मे पति को तलाक़ देकर दक्षिण अफ़्रीका बेहतर जीवन की तलाश में आयी है! ताकि अपना पेट काटकर अपने बच्चे को खिला-पिला सके, उसे बेहतर इन्सान बना सके।

वह चुपचाप मशीन की तरह बस काम करती रहती है। कभी भी उसने फ़ालतू बात नहीं की–कभी मेरे साथ ठठाकर नहीं हँसी। शायद उसका कारण उसका डिसिप्लिन और ट्रेनिंग है। उसने अन्य लड़कियों की तरह बस मेड बनने की ट्रेनिंग ली है। वह अपनी औक़ात जानती है। मेरे लाख कहने पर भी वह मेरे साथ बराबर की कुर्सी पर नहीं बैठती।

मेरे कहने के बावजूद वह बच्चों और मुझसे अधिक जुड़ाव महसूस नहीं करती। अच्छा काम करने पर या मेरे घर पार्टी अच्छी तरह सम्पन्न हो जाने पर, जब मैं खुश होकर उसे टिप देती हूँ–तब भी मैंने उसे मुस्कराते हुए नहीं पाया। वह झाड़न से हाथ पोंछकर मुझसे दोनों हाथ बढ़ाकर पैसे ले लेती है–और रोबोट की तरह 'थैंक्यू' बोलकर पुनः तन्मयता से अपने काम में लग जाती है।

आज जब मैंने बुलाकर उसे संयत स्वर में बताया कि मैं कोरोना पॉज़िटिव हूँ–तब भी उसके पोकर फ़ेस पर कोई भाव नहीं उतरा। पर दस मिनट बाद वह वापस आयी और कहा–

'मैं एक तारीख़ से दस दिन के लिए छुट्टी लेना चाहती हूँ।'

'कहाँ जाना चाहती हो?'

'पता नहीं!, पर अपनी सहेली के साथ जाऊँगी। फिर थोड़ी देर रुककर कहा, 'आई नीड अ ब्रेक'।

'श्योर!'

मैंने अपना मोबाइल देखते हुए उससे कहा।

मेरे सिर में भयंकर पीड़ा हो रही थी, पर मैंने चीज़ों को तारतम्य से सोचने का प्रयास किया।

फ्राइडे तो परसों ही है! और एक तारीख़ भी!

तो यह काम छोड़ना चाह रही है!

मैंने अपने भीतर एक टूटा हुआ अलगाव महसूस किया!

मैं सचमुच ही लोअरमिडल क्लास हूँ, जहाँ जाती हूँ–सबसे परिवार की तरह जुड़ जाती हूँ। नौकरानियों से भी। और ये कामवालियाँ!

हाय! कितनी प्रोफ़ेशनल!

सातवाँ दिन : ज़िम्बाब्वे की पामेला

ज़िम्बाब्वे के बारे में मैंने पढ़ा है कि वहाँ के लोग बेहद ज़िद्दी और कट्टर होते हैं। आख़िर अंग्रेज़ी हुकूमत को उन्होंने खूनी संघर्ष में पराजित किया और ज़िम्बाब्वे से मार भगाया। कितनी किलिंग! कितना खून ख़राबा! अंग्रेज़ों को चुन-चुन कर कहीं ज़िन्दा जला दिया गया तो कहीं घर के सभी लोगों को बच्चों सहित मार डाला गया और इसके बावजूद ज़िम्बाब्वे के लोगों को लेशमात्र भी अफ़सोस नहीं है। वे अंग्रेज़ों को आतताई मानते हैं और स्वयं को भूमिपुत्र! वे ख़ुद को दक्षिण अफ्रीकियों से बेहतर मानते हैं, क्योंकि दक्षिण अफ्रीका में नेल्सन मंडेला ने गांधी जी की अहिंसावादी विचारधारा को मानते हुए यह ऐलान किया कि "किसी को भी देश (दक्षिण अफ्रीका) छोड़कर जाने की ज़रूरत नहीं है। सारे दक्षिण अफ्रीका के निवासियों को नागरिकता दी जायेगी और वे सब मिलकर एक 'इन्द्रधनुषी देश' (रेनबो नेशन) का पुनर्निर्माण करेंगे।" वहीं ज़िम्बाब्वे ने आत्मनिर्भरता को चुना और देश के सभी संसाधनों पर भूमिपुत्रों को अधिकार दिया पर करप्शन और बेरोज़गारी से निजात पाना इतना आसान है क्या? इसलिए पामेला जैसे जवाँ लड़के-लड़कियाँ अवैधानिक तरीक़े से बॉर्डर पार कर दक्षिण अफ्रीका में मेड या गार्डनर की नौकरी पाने के लिए वर्षों प्रतीक्षा करते हैं–पासपोर्ट और वीज़ा पर एजेंटों से लुट-पिट जाते हैं–कई तो सब कुछ दाँव पर लगाकर ठगे भी जाते हैं–बड़ी मुश्किल से तब कहीं जाकर उन्हें दक्षिण अफ्रीका में प्रवेश मिल पाता है और अपने हमवतनों की मदद से जॉब। पामेला को भी ऐसे ही किसी ने मेरा घर सुझाया था। फ़ीफ़ी भी मेरी सहेली अल्पना के यहाँ काम करती थी। पामेला का डिवोर्स हो चुका था। उसे पाँच साल के बच्चे की कस्टडी भी मिल चुकी थी। माँ और बहन थीं पर वे ख़ुद ही बेरोज़गार थीं। माँ ड्रग्स एडिक्ट थीं और उन्हें डायबिटीज़ की बीमारी थी। ऐसे में पामेला ने दक्षिण अफ्रीका आकर काम करना

चाहा। अपनी पूरी जमा-पूँजी दाँव पर लगाकर उसने ज़िम्बाब्वे का पासपोर्ट और दक्षिण अफ्रीका का कामगार वीज़ा हासिल कर लिया पर दक्षिण अफ्रीका में भी तो बेरोज़गारी चरम पर है। ऊपर से वह एम्प्लॉयमेंट एजेन्सी के माध्यम से भी नहीं आयी–तो ऐसे में काम मिलने में मुश्किल आ सकती है। पर जितनी एकता इन गरीब लड़कियों में मैंने देखी उतनी आज तक भारत में देखने को न मिली। पामेला को लेकर फ़ीफ़ी मेरे घर आ गयी और ज़िद करने लगी कि आज ही इसे काम पर रख लिया जाये क्योंकि इसके पास रहने का भी कोई ठिकाना नहीं है। मैंने अल्पना को पूछा। वह भी संशय में थी। पहली बार में ही किसी को रख लेना। मुझे अगले दिन भारत जाना था। ऐसे में नयी मेड।

कैसे रहेगी!

मेरे पास पहले से ही कुक और गार्डनर थे! मैंने तो सोचा था कि कोई चुस्त-सी लड़की होगी तो ठोंक-बजाकर पहले डेलीवेज पर रखूँगी फिर स्थायी करूँगी। ये आज आ रही है, जब मुझे कल दो सप्ताह के लिए सरकारी और कुछ निजी काम से भारत जाना है। भारत से लौटकर रखना बेहतर रहेगा। मैंने अल्पना को अपनी शंका बता दी। तब तक इसका पुलिस वेरिफ़िकेशन भी करवा लूँगी। अभी अचानक कैसे रख सकती हूँ? दक्षिण अफ्रीका में बिना सिक्योरिटी चेक के किसी को रखना खतरनाक हो सकता है। पर अल्पना भी चाहती थी कि मैं अभी ही फ़ैसला कर लूँ। पामेला को मेरा घर और उसका सर्वेंट क्वार्टर बहुत पसन्द आ गया था, इसलिए वह भी गिड़गिड़ाने लगी। इतना बड़ा खतरा लेकर मैंने उसे रख लिया। वह कभी भारतीय परिवार के आसपास भी नहीं फटकी थी। इसलिए उसे कुछ भी भारतीय भोजन पकाना नहीं आता था। ऊपर से वह बेहद सुस्त थी। धीरे-धीरे एक ही काम में लगी रहती। भारत से आने के बाद सबसे पहले कुक ने उसकी शिकायत लगायी।

'मैम! ये बहुत सुस्त है। यहाँ नहीं काम कर पायेगी! इसे निकाल दीजिए।'

मैंने भी गौर किया कि वह पानी लेकर भी आती तो नीचे से ऊपर आने में दस से पन्द्रह मिनट लगा देती है।

बच्चों को शावर देती तो कपड़े और तौलिया रखना भूल जाती।

क्या करूँ! लगता है इसे निकालना ही पड़ेगा।

परन्तु, धीरे-धीरे पामेला को मेरी और मुझे पामेला की आदत पड़ गयी। हम एक दूसरे की कमियों और ख़ूबियों से वाक़िफ़ हो गये। मैं जितनी जल्दी और

हड़बड़ी में रहने वाली–पामेला उतनी ही शान्त और धीरे-धीरे काम करने वाली। मैं किचन में जाती तो कुछ न कुछ तोड़ ही डालती, पामेला बिना कुछ कहे उसे साफ़ कर देती और मुझे वहाँ से हटा देती। बिना एक-दूसरे की भाषा और संस्कृति के ज्ञान के भी हम बस स्त्रीत्व की डोर से एक-दूसरे से मज़बूती से बँधते जा रहे थे। पर दूसरे कर्मचारी और नौकर उसकी शिकायतें करने को तत्पर रहते।

एक लड़का था–दाऊद! वह मेरे पहले वाले काउंसल जनरल के ज़माने से ही इस घर में रह रहा था। वह नौकरों का सरदार था। उसने भी पामेला की शिकायत लगाई थी। वह अक्सर कहता था कि पामेला बहुत ढीली, सुस्त और कामचोर है। मुझे भी ऐसा विश्वास होने लगा था। जब भी मैं मदद को बुलाती, दाऊद ही आता, पामेला बस रोबोट जैसा कहती

'हेल्लो।'

मैं और भी कुढ़ जाती।

पर जब दाऊद ने बार-बार शिकायत लगाई तो मैंने दाऊद को ही निकाला।

ऐसी ही हूँ मैं।

मैंने भी बहुत दुनिया देखी है। दाऊद बच्चों के लिए लाये बेबीफ़ूड, चॉकलेट, बिस्कुट, दूध, योगर्ट सब चट कर जाता था और पूछने पर कहता कि–ख़त्म हो गये या ख़राब हो गये और दाऊद सभी पड़ोसियों का अज़ीज़ था। मेरी पड़ोसन शाइमा को तो उसने बाक़ायदा बहन बना रखा था। दूसरा ऐंगल धर्म का भी था। दाऊद से मुस्लिम पड़ोसियों की बड़ी सहानुभूति थी। एक दिन जब मैंने उसे बिना बताये देर तक बाहर रहने के लिए डाँटा तो उसने शाइमा से शिकायत कर दी। शाइमा ने मुझे मैसेज किया कि वह दाऊद के असन्तोष को डिस्कस करने के लिए मेरे यहाँ आना चाहती है–कब आये?

शाइमा या अन्य पड़ोसियों से मेरा परिचय सामान्य ही था। दूसरे, भारत के काउंसल जनरल होने और सम्मानित 'इंडिया हाउस' में रहने के कारण मैंने ख़ुद को थोड़ा रिज़र्व रखा था जो समय और मेरे पेशे की माँग भी थी। पर दाऊद! वह तो मेरी इज़्ज़त का फ़ालूदा करने पर तुला हुआ था! उस पर शाइमा की हिम्मत कि वह मेरे और दाऊद के बीच में समझौता कराये! मैंने उसे डिप्लोमैटिक्ली 'ना' कहा कि इस सप्ताह मैं बहुत व्यस्त हूँ। जब फ़ुर्सत होगी तो खूबसूरत पड़ोसन से मिलकर मुझे बेहद प्रसन्नता होगी। शाइमा ने फिर मुझे सन्देश भेजने की हिम्मत न की। दाऊद भी मेरी नज़रों में खटक रहा था। पर सबसे महत्त्वपूर्ण कारण यह था

कि बुबु ने एकाध बार दबे स्वरों में शिकायत लगायी थी कि दाऊद उससे एक्स्ट्रा फ्रेंड्ली बनने की कोशिश करता है–जैसे स्कूल से आने पर हाई फ़ाई देना, या बुबु के हाथ पकड़ कर गाड़ी से उतारना आदि। मेरा माथा उसी समय ठनका था। मैं उसे कैसे सबक़ सिखाऊँ, सोचती रहती थी।

अब मैंने इन सब फीडबैक का इस्तेमाल करते हुए दाऊद को निकाला।

पामेला पर इसका अनुकूल प्रभाव पड़ा। वह मेरी अनुगता हो गयी। वह स्लॉथ की तरह स्लो थी पर वफ़ादार थी।

बच्चों का बेहद ख़याल रखती। आदि तो उसका प्रिय था।

पर वह भारतीय खाना बनाना नहीं जानती थी।

कितनी बार समझाने-सिखाने के बावजूद उसने डिज़ैस्टर किया।

जैसे एक दिन मुझे लॉकडाउन में अचानक किसी काम से ऑफ़िस जाना पड़ा। लॉकडाउन के तीन दिन ही हुए थे। उन तीन दिन के लेथर्जी से बिस्तर ही मेरी ज़िन्दगी हो गया था। बिस्तर पर सोने के अलावा सब काम होते थे–पढ़ना, खाना, इंटर्नेटसर्फ़िंग, लिखना, वीडियोकॉल आदि।

सोना तो सोफ़े पर होता है न!

अचानक ऑफ़िस से फ़ोन आया तो मैं सोते से जाग उठी। सोफ़े के सामने लगे टीवी पर आड़ी-तिरछी लकीरें आ रही थीं। तो क्या टीवी रात भर चलता रहा!

तीन दिन ही आराम करके लगा कि ऑफ़िस तो पिछले जन्म की बात थी। हाय! लॉकडाउन में कितना मज़ा आ रहा था। ऊपर से सरकार को कोसो और बोर होने का बहाना करो पर भीतर-भीतर मैं बहुत ख़ुश थी।

जिम भी बन्द था सो वहाँ भी जाने से बची।

बस खाना और पचाना। पचाने के लिए फ़ोन पर गप्प करना, ह्वाट्सेप और फ़ेसबुक पर लिखना और उल्लू की तरह देर रात एकाध हॉट वीडियो देख लेना। इस चक्कर में रात के तीन-चार बज जाते। इराटिक वीडियो देखकर नींद उड़ जाती, गला सूख जाता, जीभ तालु से चिपक जाती। फिर उठकर पानी पीकर दुबारा टीवी के आगे बैठ जाती!

हर रात संकल्प लेती हूँ कि कल से पूरे रूटीन फ़ॉलो करूँगी–सुबह एक घंटा योगा करूँगी, फिर वॉक। तब बच्चों के लिए नाश्ता बनाऊँगी और फिर कुछ लिखूँगी या अपने उपन्यास पर ही काम कर लूँगी। लंच में कुछ मेड को सिखा

दूँगी। हर रोज़ कोई नयी रेसिपी, ताकि बाद में वह पार्टी में बिना मेरी मदद के खाना बना सके।

सबसे पहले दाल क्योंकि यह आसान भी है, और उस दिन मैंने उसे दाल फ्राई बनाना सिखाना था।

मैंने उसे प्रॉसेस बताया।

मैंने उसे दिखाकर चने की दाल को पानी में भिगो दिया और बाक़ी मसाले तैयार करने लगी।

खड़ा गरम मसाला, हल्दी और नमक आदि मिला ही रही थी कि ऑफ़िस से फ़ोन आ गया। वीडियो कॉल विद हाई कमिशनर सर! अरे हाँ मैं भूल गयी थी कि आज सारे सीजी के साथ उनका वीडियो कॉन्फ्रेन्स है।

'अच्छा! सुनो पामेला! मैंने दाल को भिगो दिया है। हल्दी, नमक और गरम मसाला मिला दिया है। कुकर में चार सीटी लगाने तक रखना!'

'कुकर में कितना टाइम लगेगा।'

'अरे यार अराउंड फ़िफ़्टीन मिनटस' मैंने झुंझलाते हुए साड़ी बाँधते हुए कहा।

'देन'

'फिर उसे ढेर सारा जीरा (क़रीब एक चम्मच), एक प्याज़ और एक टमाटर को घी में भूनकर दाल में मिला देना। धनिया पत्ता से गार्निश करना। ओके? मेरे साथ दो और लोग आयेंगे, उनकी भी प्लेट लगाना।'

'समझ गयी।' उसने सहमति में दायीं-बायीं ज़ोर से मूँडी हिलाया।

मेरे पास बिल्कुल भी समय नहीं था। पहले ही देर हो गयी थी। वापस आयी तो खाना मेज़ पर लगा हुआ था।

चावल, नान, दम आलू और दाल फ्राई। चावल, नान और दम आलू मैं बनाकर गयी थी। मैंने अपने सहकर्मियों को खाने के लिए मेज़ पर बैठने को कहा। वे प्लेट खींचकर बैठ गये। मैंने दाल से ढक्कन हटाया और सर्व करने के लिए कलछुल से कटोरी में डाला।

यह क्या?

दाल बिल्कुल भी नहीं पकी थी। डोंगे में हल्दी और खड़े गरम मसाले अलग तैर रहे थे। प्याज़ और जीरा भूनकर उसमें मिलाया ज़रूर गया था पर वह भी बहुत हास्यास्पद लग रहा था, जैसे किसी ने हल्दी पानी में प्याज़ घोल दिया हो।

‘तुमने दाल को नहीं पकाया?’

‘नहीं!’

‘नहीं! क्यों?’

‘आपने तो पकाने कहा ही नहीं था। बस पन्द्रह मिनट कुकर में रखने कहा था। मैंने वैसा ही किया। फिर उसे जीरा और प्याज़ से छौंक दिया।’

मेरे मेहमान मुस्कुरा रहे थे और मैं भूख, ग़ुस्से और क्षोभ से खीज रही थी।

लगता है इसके साथ मेरी दाल बिल्कुल नहीं गलेगी। मैंने अपना बाल नोचा और पामेला के बारे में सोचा।

पामेला ज़िन्दाबाद!

लॉकडाउन दाल फ्राई मुर्दाबाद!

धीरे-धीरे पामेला दाल-चावल पकाना सीख गयी।

***

मैं ऑफ़िस में व्यस्त रहती। तब तक पामेला दाल-चावल पका लेती। घर आकर मैं आमलेट या आलू भुजिया जैसा कुछ झटपट बनाती और खा लेती। उस समय दाऊद की बड़ी याद आती। दाऊद खाना बनाने में एक्स्पर्ट हो गया था। पर क्या फ़ायदा! मैंने अपने जीवन को और भी साधारण बनाने की सोची।

काम चल ही रहा था पर पामेला ने घोषणा की कि वह ब्रेक लेगी।

मतलब?

अब वह यहाँ काम नहीं करेगी।

अभी तो मुझे कोविड से ग्रसित हुए सिर्फ़ पाँच दिन ही हुए हैं—और वह छुट्टी ले लेगी!

मैं कैसे सब कुछ सम्भालूँगी। मुझे तो चक्कर आते हैं। सुबह-शाम बुख़ार आ रहा है, सिरदर्द बना रहता है।

इससे तो अच्छा रहता कि मैंने इसी को निकाला होता। दाऊद को रख लिया होता।

वह कम-से-कम काम तो करता था। हाय, बेचारा जाना नहीं चाहता था, मैंने जबरन उसे निकाला।

और ये पामेला कितनी अहसान फ़रामोश निकली!

ज़िम्बाब्वे से जब यह बिना किसी पूर्व निर्धारित वर्क वीज़ा के आ गयी थी और अल्पना ने इसकी पुरज़ोर सिफ़ारिश करके मेरे मत्थे मढ़ दिया था, तब मैंने बिना किसी वेरिफ़िकेशन के इसको अपने यहाँ रख लिया था, कितना बड़ा रिस्क था वो!

और अब जब मुझ पर मुसीबत आन पड़ी है, तब इसे हमारी ज़रा भी परवाह नहीं? ये अपने बचाव के लिए जाना चाह रही है।

हम चारों कोरोना से ग्रसित हैं और यह जाना चाहती है?

क्या करूँ कैसे इसे रोकूँ? सोचते-सोचते मेरा बीपी बढ़ गया।

मैंने यथासम्भव अपने को सामान्य बनाये रखा और अल्पना से बात करने की सोची। वही तो इसे यहाँ लायी थी।

वही इसे समझा सकेगी–कि अभी मत जाओ, अभी पूरे परिवार को तुम्हारी ज़रूरत है।

अल्पना तो पहले ही भरी बैठी थी। उसकी मेड फ़ीफ़ी ने भी उसको छोड़ने की धमकी दे रखी थी।

'क्यों, अचानक क्या हुआ?' मैंने पूछा।

'अरे यहाँ की सामाजिक संरचना बहुत बेकार है। परिवार का कोई कॉन्सेप्ट है ही नहीं। ये कामवालियाँ जवान होती हैं और इनकी शारीरिक ज़रूरतें होती हैं। इसलिए साप्ताहिक छुट्टियों में ये अपने दोस्तों के साथ मज़े करने चली जाया करती थीं। दुर्भाग्यवश, कोरोना के कारण लॉकडाउन हो गया और ये बाहर नहीं जा सकीं। अब घर में रहना इनके लिए असम्भव होता जा रहा है। मेरी मेड फ़ीफ़ी ने तो कहा है कि अगर वह बाहर नहीं गयी तो घुटन से मर ही जायेगी!'

मैं अजीब जुगुप्सा और वितृष्णा से भर गयी। कैसी लड़कियाँ हैं यें?

कितना अजीब-सा है अफ़्रीका का सामाजिक ढाँचा? क्या नैतिकता से कोई लेना-देना नहीं है इनका?

पर कुछ ही समय बाद लगा कि चलो इनके ऊपर समाज की मोरालिटी का कोई बोझ तो नहीं। ये स्त्रियाँ हमसे कहीं बेहतर हैं जो अपने शरीर की माँगों को खुलेआम स्वीकार करती हैं। समाज की स्वीकृति की मोहताज नहीं हैं।

अगर छह महीने बिना शारीरिक सम्बन्ध के पुरुष पागल हो सकता है तो औरतें क्यों नहीं। इनके बन्दी जैसे जीवन के आख़िर सप्ताहांत के थोड़े से पल ही इनके लिए संजीवनी हैं।

मैंने फिर भी अल्पना से विनती की कि वो पामेला को समझाये कि परसों के बजाय दस-पन्द्रह दिन बाद छुट्टी पर जाये। साथ ही मैंने उसे कह दिया कि समझाने के बावजूद अगर पामेला जाती है तो मैं दूसरी मेड रख लूँगी।

जाती है तो जाये पामेला परवाह नहीं मुझे।

इधर उसने घर से बाहर क़दम रखा नहीं कि उधर मैंने दूसरी मेड रखी नहीं।

भात छींटने से कौवों का अकाल है क्या?

पर भीतर-ही-भीतर मैं डर गयी थी। शरीर में बेहद कमज़ोरी घुस गयी थी। इतनी बात करने पर ही मुझे चक्कर आ रहे थे।

अल्पना ने पामेला को फ़ोन किया। मैं अपने कमरे में सो रही थी। पता नहीं क्या बात हुई कि दो घंटे बाद ही हिचकियाँ भरकर रोती हुई पामेला ने मुझे जगाया।

'क्या हुआ!' मैंने अलसाई आवाज़ में उससे पूछा।

'आई ऐम डन विथ यू मैडम!' मैं अवाक।

उसने रोते हुए कहा–'मैं जा रही हूँ, आज ही जाऊँगी।'

आयं! मैं चौकन्नी होकर बिस्तर से उछल कर उसके सामने जा पहुँची। कोमलता से कन्धे से पकड़कर उसे अपनी तरफ़ मोड़ा–'क्या हुआ पामेला? व्हाट हैपेंड?'

'अल्पना ने मुझे फ़ोन करके बहुत डाँटा। मुझे धमकाया कि अगर मैंने घर के बाहर क़दम भी रखा तो मैडम तुरन्त दूसरी मेड रख लेंगी। तुम ज़रा से मज़े के लिए लगी लगायी नौकरी से हाथ धो बैठोगी। मुझे अल्पना क्यों डाँटेंगी? क्या मैं उसके लिए काम करती हूँ? अगर नौकरी से निकालना है तो आप मुझे कहिए, वो क्यों? उसे तो मेरे लिए एकदम रेस्पेक्ट नहीं है। वह मेरे बारे में गन्दी बातें फैलाती रहती है कि हम लोग पुरुषों से मज़े लेने के लिए छुट्टियाँ लेती हैं। आप भी तो मुझे बोल सकती थीं–उसे क्यों कहा। वह बड़ी बदज़ुबान औरत है, इसलिए उसकी मेड उसे छोड़कर जा रही है, मैं आपको बता दूँ कि वह अब वापस नहीं आयेगी।'

तब मैंने झूठी क़सम खाई–भगवान की क़सम।

हाँ, झूठी क़सम–पामेला शायद इससे रुक जाये!

क्योंकि भगवान तो अमर हैं–मेरे क़सम खाने से उनका कोई नुक़सान नहीं होगा, यह मुझे पता था।

'पामेला, मैं भगवान की क़सम खाती हूँ कि मैंने अल्पना को तुमसे बात करने के लिए कहा होगा! वह तो अपनी मेड के जाने से बौखलाई हुई थी और उसने मुझे फ़ोन किया था। मैंने तो उसे बताया भी नहीं कि तुम जाना चाहती हो!'

सफ़ेद झूठ बोलने के लिए मुझे उसकी तरफ़ से मुड़ जाना पड़ा था और मैं खिड़की की छड़ पकड़कर बाहर पिकन के पेड़ की ओर देख रही थी। मैं आम तौर पर झूठ नहीं बोलती–इसलिए मेरी धड़कन बढ़ गयी थी–मेरा चेहरा आरक्त हो गया था।

अगर अब भी पामेला नहीं मानी तो?

क्योंकि, पामेला सच्ची ज़िम्बाब्वेयन की तरह जाने की ज़िद पर अड़ी हुई थी।

'मैडम, पर मैं डर गयी हूँ। अगर मुझे कोरोना हुआ तो मेरे बेटे का क्या होगा? मैं मर गयी तो कौन उसको पालेगा?'

'तुम ऐसा क्यों सोचती हो कि तुम्हें कोरोना होगा ही! अफ्रीका के लोग अच्छे इम्यून वाले हैं। उन्हें कोरोना अधिक क्षति नहीं पहुँचाता।'

'पर मैं क्यों आप लोगों के कारण बीमार पड़ूँ, मैं चली जाऊँगी।'

'देखो पामेला' मैंने फिर से अन्तिम कोशिश की।

'तुम अब तक मेरे घर में हो और आइसोलेशन का पालन नहीं कर रही तो अगर तुम्हें कोरोना होने वाला होगा तो हो चुका होगा क्योंकि आज छठा दिन है। तुम यहाँ रहोगी तो मैं तुम्हारे पूरे इलाज का ज़िम्मा लेती हूँ। पर अगर तुम बाहर जाओगी तो मुझे नहीं लगता कि तुम इतनी अच्छी तरह अपना इलाज करवा पाओगी या अपना ख़याल रख पाओगी। पर मैं तुम्हें फिर भी बाध्य नहीं करूँगी। तुम अपना फ़ैसला ख़ुद लो। बस ये ज़रूर ध्यान रखना कि अधिक बचाव के उपाय सोचने के चक्कर में कहीं अपना ही नुक़सान न कर लेना। अगर तुम यहाँ रहोगी तो अब से मैं और तुम और भी सावधानियाँ बरतेंगे। जैसे–

–तुम्हें ऊपर आने की ज़रूरत नहीं। पानी और खाना तुम सीढ़ी पर रख देना, हम वहीं से उठा लेंगे और खाकर बर्तन वहीं रख देंगे।

–तुम घर में भी मास्क और ग्लव्ज पहने रहना, मैं मँगवा दूँगी।

–तुमको भी सारे सपलीमेंट और दवाएँ प्रिकॉशन के तौर पर खाने को दूँगी।

–बच्चों को मैं ही नहलाऊँगी।

–कपड़े ऑटोमैटिक मशीन में ही धो लूँगी।

–तुम्हें मेरे लिए स्टीम व काढ़ा बनाने की ज़रूरत नहीं है।

पामेला बिना बोले नीचे चली गयी।

इतना अधिक बोलने से मुझे कमज़ोरी और चक्कर सा आने लगा था। मैं निढाल-सी बिस्तर पर पड़ गयी।

लगभग दो घंटे बाद अपने (पुरुष?) मित्रों से सलाह करने के बाद पामेला आयी और कहा 'ओके! मैं अभी नहीं जाऊँगी, पर पन्द्रह अगस्त के बाद पूरे पन्द्रह दिन की छुट्टी लूँगी, वह भी 'पेड हॉलिडेज़!' इज़ इट ओके विथ यू?

मेरी आँखों में राहत के आँसू छलक आये।

मैंने सोशल डिस्टन्सिंग का पालन करते हुए भरभराए स्वर में कहा, "थैंक यू पामेला, यू आर माई एंजल। गॉड ब्लेस यू।"

एक औरत दूसरी औरत की मनोदशा बहुत अधिक समझती है–जानती है।

पामेला और हम दोनों जानते थे कि हम दोनों झूठ बोल रहे हैं–एक दूसरे से अपनी असलियत छिपा रहे हैं–मैं पामेला को अभी नहीं जाने देना चाहती थी–पामेला भी काउंसल जनरल जैसे प्रतिष्ठित घर से हाथ नहीं धोना चाहती थी–भले ही थोड़ा सा रिस्क था–कोरोना का रिस्क। वह रुक गयी।

पामेला ने भी सोचा होगा–मरी हुई भैंस की पूँछ उमेठने से क्या फ़ायदा!

आठवाँ दिन : टॉर्चर

कोरोना में मुझे बेहद सिरदर्द होता था, कमज़ोरी भी थी—हालाँकि बुख़ार नहीं था। कमज़ोरी के चलते सीढ़ियाँ उतरकर रसोई में जाना भी बेहद कठिन कार्य लगता था।

मुझे सबसे अधिक पसन्द था—बिना खाये-पिये बिस्तर पर देर तक सोते रहना! परन्तु बच्चों के कारण यह कहाँ सम्भव हो सकता था। छोटी बेटी बार-बार उल्टियाँ करती—किसी तरह काँपते पैरों को साध कर मैं उसका ड्रेस बदल देती—मुँह पोंछ देती। वह बेहद चिड़चिड़ी हो गयी थी—मम्मा मम्मा रटती रहती। रोती हुई मेरे साथ चिपकी रहती। वह शुरू से अस्थमिक थी, इसलिए उसे दिन में तीन बार पफ़ देना पड़ता था।

बेटा भी सुस्त-सा पड़ा रहता। उसे कभी बुख़ार रहता, तो कभी टूट जाता। वह अलग रोता रहता और सामान फेंकता। वह नॉन-वर्बल ऑटिस्टिक है इसलिए बोलकर व्यक्त नहीं कर पाता कि उसे क्या चाहिए। बस ख़ुद को इधर-उधर पटकता और चोट पहुँचाता।

तभी पता चला कि मेरे घर में नीचे तीन-चार लोग पीपीई किट पहनकर कुछ हलचल मचा रहे हैं—कौन हैं ये लोग!

पामेला ग्रोस्सरी शॉपिंग गयी हुई थी—सिर्फ़ सिक्योरिटी गार्ड बाहर खड़ा था।

मैंने उसे आवाज़ लगायी पर उसने न सुनी।

कमज़ोरी से मेरी आवाज़ भी क्षीण हो गयी थी और वैक्यूम क्लीनर की घरघराहट में शायद उन लोगों को कुछ सुनाई भी न पड़ रहा हो।

तमाम कोशिशों के बावजूद जब मैं किसी को मदद के लिए ऊपर न बुला सकी तो धीरे-धीरे सँभलकर सीढ़ियाँ उतरी और पाया कि चार लोग पीपीई किट से लैस मेरे रसोईघर में घुसे हुए हैं और कुछ सैनिटाइजर सा छिड़क रहे हैं।

मास्क के भीतर से मैंने पूछा–'कौन हैं आप लोग?'

उनसे कोई जवाब नहीं मिला पर उन्होंने मुझे हाथ से इशारा किया कि मैं वहाँ से हट जाऊँ।

तभी मैंने देखा कि सैनिटाइजर के पाइप से साबुन और केमिकल के घोल का फ़व्वारा सा निकल रहा है और किचन के प्लेटफॉर्म पर रखे खाने, फल और सब्ज़ियों पर पड़ रहा है।

हे भगवान! आज ही माया ने पूड़ी, चने और आलू की सब्ज़ी भेजी थी। पामेला ने उनको निकालकर खुले डोंगे में रख दिया था, उस पर भी छींटे!

अब कुछ खाने लायक़ न रहा!

किसने इन लोग को मेरा घर सैनिटायज़ करने कहा?

सिक्योरिटी गार्ड बाहर खैनी सान रहा था।

मैं ग़ुस्से में आपे से बाहर हो गयी।

'किसने तुम लोगों को यहाँ भेजा?' मैंने चिल्लाकर उनसे पूछा तब भी कोई जवाब नहीं मिला!

बाहर जाकर सिक्योरिटी गार्ड को पूछा।

'रामसिंह! किसने उन्हें बुलाया है?'

'मैडम, एडमिन साहब ने भेजा है–शायद कल आपसे बात हो गयी थी।'

'मुझे तो नहीं पूछा किसी ने और अभी जब मेरे यहाँ एक्टिव चार कोविड के मरीज़ हैं–मैं ख़ुद भी कोविड पॉज़िटिव हूँ तो अभी घर सैनिटायज़ करने की क्या ज़रूरत है? कम-से-कम मुझसे पूछ तो लिया होता।'

'मुझे पता नहीं मैडम, आप एडमिन से पूछिए।'

'और तुम उनको मेरे घर में अन्दर घुसाकर यहाँ खैनी फाँक रहे हो? तुमने क्यों नहीं फ़ोन पर इत्तला की कि ये लोग घर को सैनिटायज़ करना चाहते हैं?'

'मैंने सोचा आप आराम कर रही होंगी?'

'तो तुम उनके साथ क्यों नहीं खड़े? यहाँ बाहर धूप सेंक रहे हों? सारा खाना बर्बाद हो गया।'

रामसिंह तब भी ढीठ की तरह बाहर ही खड़ा रहा। मैं ही भीतर गयी। किचन का फ़र्श चिपचिपा-गीला हो चुका था। क्योंकि वे कुछ साफ़ नहीं कर रहे थे, बल्कि मच्छर मारने वाली मशीन से डी.डी.टी. छिड़क रहे थे–साग, फल, सब्ज़ियाँ, खाना, दूध, पानी सब कुछ पर डीडीटी छिड़का जा चुका था। मुझे

बेहद ग़ुस्सा आ रहा था। मैंने उन्हें बाहर निकलने को कहा। भीतर ही भीतर मुझे डर भी लग रहा था। वे चार जवान मर्द और मैं कोरोना पीड़ित कमज़ोर औरत!

कहीं ये लोग अपराधी हुए तो?

फिर भी मैंने दुबारा चिल्ला कर सबको बाहर निकलने को कहा।

उनकी सुपरवायजर एक गोरी लड़की थी–वह बाहर गाड़ी में बैठी थी। उसने मुझे डाँटा कि मैं उसे काम करने से मना नहीं कर सकती–और इस तरह चिल्ला कर बात नहीं कर सकती।

मैंने तब अपना ब्रह्मास्त्र फेंका–'मैं तो तुम्हारे भले के लिए कह रही हूँ। मुझे और मेरे बच्चों को भी कोविड है–आज आठवाँ दिन है। मैं बस यह चाहती हूँ कि अभी घर को सैनिटायज़ करने का कोई तुक नहीं है–इसे कुछ समय बाद किया जाता तो उपयोगी हो सकता था। मेरा सारा खाना बर्बाद कर दिया तुम लोगों ने..। मैं ज़ोर-ज़ोर से बोलती हाँफ रही थी–मेरा मास्क खुला हुआ था। वे लोग हालाँकि पीपीई किट पहने हुए थे–पर बेहद डरे और क्षणांश में ही भाग खड़े हुए।

उतना बोलने और लड़ने से मुझे चक्कर-सा आ गया और मैं वहीं गिर गयी। रामसिंह बड़बड़ाता अपने कमरे में जा चुका था। वैसे भी कोविड मरीज़ की वह क्या मदद कर सकता था। उस वक्त तक तो कोविड के मरीज़ एड्स संक्रमित लोगों से भी अधिक भयावह लगते थे–लोग उन्हें छोड़ भाग खड़े होते थे।

बड़ी देर बाद मुझे होश आया। मैं धीमे क़दमों से लड़खड़ाती हुई घर के भीतर चली गयी। ग़ुस्से और कोरोना से सिर भनभना रहा था।

नौवाँ दिन : मोहे आये न चैन

जब मैंने कल के सारे घटनाक्रम पर गौर किया तो समझ में आया कि इसके पीछे पुरुष मानसिकता काम करती है। एक बार आप भारत सरकार में आ जाते हैं तो मजाल है किसी के बाप की–जो आपको नौकरी से हटा सके। कई लोग बिना मानसिक, शारीरिक और शैक्षणिक योग्यता के भारत सरकार को पैंतीस-चालीस साल तक दीमक की तरह चाटते रहते हैं। वे सारी सुविधाएँ लेंगे क्योंकि भारत सरकार इसके लिए नियमबद्ध है–पर काम कोई न करेंगे। एडमिन बाहर वालों को सुनने में बड़ा ही भारी पोस्ट लगता है–पर यह एक प्रशासनिक पद है जिसका काम होता है ऑफ़िस के लोगों के वेतन बनवाना, उनके पर्क और भत्तों का भुगतान करना, कोई टूट-फूट या मरम्मत और सरकारी सम्पत्तियों की देखभाल करना आदि। चूँकि जोहानसबर्ग में काउंसल जनरल का मकान भी सरकारी है–इसलिए इसके देखभाल की ज़िम्मेदारी ऑफ़िस की है। एडमिन उसका इंचार्ज़ है। यहाँ का एडमिन बहुत ही अजीब क़िस्म का आदमी है। वह स्वार्थी और मानसिक रूप से विचलित है। उसको इस बात की भी बड़ी तकलीफ़ है कि हम लोग बस एक परीक्षा यूपीएससी पास करके जल्दी-जल्दी प्रमोशन पा जाते हैं और उनकी सालों की सेवा का कोई मूल्य नहीं आँका जाता। महिला अधिकारियों के लिए उसके विचार अत्यन्त सामन्तवादी हैं। मेरे पहले वाले-सीजी ने तो उसे साइड लाइन किया हुआ था और उसे कोई भी ज़िम्मेदारी पूर्ण काम करने को नहीं दिया जाता था। विदेश सेवा में और अन्य भारतीय सरकारी व्यवस्थाओं में पैसिव पनिशमेंट का ही एक तरीक़ा है।

पर मेरा नेतृत्व का स्टाइल अलग है। मैं सबका मूल्यांकन शून्य से शुरू करती हूँ और सबको अपनी क्षमता साबित करने का पूरा मौक़ा देती हूँ। मैंने आते ही उसे फिर से एडमिन बहाल किया। कुछ दिनों तक तो वह ठीक रहा–मेरे कहे अनुसार करता रहा पर फिर धीरे-धीरे रंग बदलने लगा। उसे मुझसे यानि एक

महिला अधिकारी जो उम्र में उसकी बेटी के बराबर होगी–ऑर्डर लेने में बेहद तकलीफ़ होने लगी। इसलिए मेरे घर में काम करवाने से पहले उसने मुझे सूचित करना भी उचित न समझा। जब से मुझे कोविड हुआ है, उसने झूठ-मूठ भी फ़ोन करके हालचाल पूछने की कोशिश भी न की। मेरे घर पर बाहरी ऊलज़लूल लोगों को भेज रहा है। ऑफ़िस के बाक़ी लोग भी शिकायत कर रहे हैं कि ये तो अवज्ञा का केस बना रहा है। अगर अभी इसे नहीं रोका गया तो और भी मुश्किलें खड़ी करेगा। मुझे बहुत से लोगों ने कहा भी था कि इसे एडमिन न बनाओ–तुम्हें परेशान करेगा, पर मैंने उसे एक मौक़ा देना चाहा था–'बेनेफ़िट ऑफ़ डाउट!'

शून्य से शुरू करने की मेरी आदत!

पर वह फेल हो गया।

इसे एडमिन से अब हटाना ही होगा।

मैंने राजदूत महोदय को फ़ोन करके सारी बातें बतायी। उन्होंने भी मुझे चेताया था कि मैं उस व्यक्ति को एडमिन न बनाऊँ। उन्होंने उसे हटाने के मेरे निर्णय का समर्थन किया और मेरे स्वास्थ्य पर चिन्ता जताई। नवें दिन सुबह-सुबह मैंने कॉन्सुलेट के ग्रुप पर सबको सूचित किया कि–'जनहित में नेगी को एडमिन पद से हटाया जाता है और मिस्टर बलदेव खन्ना नये एडमिन होंगे।' एक और निर्णय लेकर उस क्लीनिंग कम्पनी के कॉन्ट्रैक्ट को कैन्सल किया गया जो बिना बताये मेरे घर पर पेस्टिसायड छिड़ककर चली गयी थी। रामसिंह को अर्जुन बारू से प्रतिस्थापित किया गया। रामसिंह को अब ऑफ़िस में गेट पर पहरा देने का काम दिया गया।

यह बदलाव रामसिंह को बहुत बुरा लगा। रामसिंह चटोरा और मुँह लगा हो गया था और मेरे यहाँ ही खाया-पीया करता था। पामेला से भद्दे मज़ाक़ किया करता। पामेला ने भी दबे स्वरों में उसकी शिकायत की थी, परन्तु मैंने उसे नहीं निकाला था। क्योंकि, रामसिंह मेरा जॉगिंग पार्टनर था। ख़ैर, वह बाहर गया और मुँह फुला लिया। ऑफ़िस के लोगों से मेरी बुराइयाँ करने लगा–कि मैडम ने मेरे अच्छे कार्यों का ये सिला दिया–मुझे घर से निकाल दिया, मैंने उनके लिए कितना किया–खाना बनाया, जॉगिंग पर लेकर गया, आदि-आदि। मेरा सूचना तन्त्र बहुत मज़बूत है और मुझे कोई फुसफुसाहट भी सुनाई दे जाती है। पर मेरी चमड़ी मोटी है। मैं बेकार की बुराइयों पर ध्यान नहीं देती और यथासम्भव नज़रअन्दाज़ कर देती हूँ।

रामसिंह को पता नहीं था कि उसके ख़िलाफ़ मेरे भीतर माहौल बहुत पहले से बनने लगा था। वह झूठ बोलता था और मुझे झूठ बोलने वालों से नफ़रत है।

एक बार मैंने उसे दूध ख़रीदकर लाने और मेरी एक सहेली के घर पहुँचाने को कहा था ताकि उसका पनीर बन जाये। रामसिंह दूध तो लेने ख़ुशी-ख़ुशी चला गया क्योंकि वह उस तरह सरकारी गाड़ी में बैठकर अपने लिए और अपने मित्रों के लिए भी दूध ला सकता था। पर उसे मेरी सहेली के यहाँ जाने का मन नहीं था या शायद भूल गया होगा।

वापस आते ही फटाफट उसने दूध का केन उतरवाया और घर के फ्रिज में रखवा ही रहा था कि मैंने ऊपर से देख लिया और टोक दिया 'रामसिंह, दूध तो पारो के यहाँ भिजवाना था न, ताकि उसका पनीर बन जाये।'

'जी मैडम! मैं यही पूछ रहा था कि दूध का क्या करना है? तो अर्जुन (दूसरा सिक्योरिटी गार्ड) कुछ बता ही नहीं रहा था।' अर्जुन वहीं खड़ा था। वह ग़ुस्से से तमतमा गया। उसने कहा, 'रामसिंह, तुमने ये पूछा कि पामेला को बुला दो, पारो का तो तुमने नाम नहीं लिया।'

अब रामसिंह भी ज़ोर से चिल्लाया 'मैं वही तो कह रहा था कि मैडम को बुलाओ। तुम्हें लगता है कि मैं झूठ बोल रहा हूँ?'

वे दोनों एक दूसरे पर आरोप-प्रत्यारोप करने लगे। मैं रामसिंह की फ़ितरत से वाक़िफ़ थी। झूठ बोलना और दूसरों पर चीज़ें थोप देना उसकी आदत थी। पर मैंने बात नहीं बढ़ाई क्योंकि–दो दिन के बाद घर में एक बड़ी पार्टी होनी थी और इन दोनों का सहयोग ज़रूरी था।

ऐसे ही एक बार, जब हम जॉगिंग कर रहे थे तो किसी ने उसे फ़ोन किया। रामसिंह हड़बड़ा गया। जल्दी-जल्दी दौड़ने लगा। मैं घबराई। क़दम तेज़ करते हुए मैंने पूछा–

'क्या हुआ रामसिंह? सब ठीक तो है न?'

'मैडम, मोहन मिलने आ रहा है वह आपका सामान ला रहा है–ख़ासकर कल की पूजा सामग्री–रुद्राभिषेक पूजा के लिए।'

हम घर के आसपास ही थे।

'तो उसको बोलो कि घर के बाहर थोड़ी देर इन्तज़ार करे। हम बस दस मिनट में पहुँच जाते हैं।'

'वह रुक नहीं सकता क्योंकि उसे एडमिन के घर ग्यारह बजे पहुँचना है। शायद उसके घर का बल्ब चेंज करना है।' मुझे अब ग़ुस्सा आने लगा था। ऐसा हरदम होता है कि पुरुष चाहे कितनी ही छोटी पोस्ट पर रहे, वह अपने लेडी बॉस पर शासन करने लगता है।

यह रामसिंह, जिसकी मुख्य ज़िम्मेदारी है मेरी सुरक्षा, मुझे छोड़कर मोहन से सामान लेने भागा चला जा रहा है और वह मुझे–मैं जो भारत की काउंसल जनरल हूँ–नजरअन्दाज करके एडमिन के हुक्म बजाने में लगा हुआ है। पर तब भी मैंने ज़ब्त किया और रामसिंह से कहा कि–'अगर मोहन को सुविधा हो तो ज़िम के पास आकर सामान देकर एडमिन के घर चला जाये।'

जब हम ज़िम के पास पहुँचे तो मोहन वहीं खड़ा प्रतीक्षा कर रहा था। उसने कहा कि आइए मैडम मैं आपको गाड़ी में घर ड्रॉप कर दूँ।

अब मैं ज़ब्त नहीं कर पायी और उसे डाँट दिया–'अभी तुम्हें देर नहीं हो रही है–एडमिन के घर जाने के लिए। अगर समय था तो घर के पास ही प्रतीक्षा कर लेता। मुझे अपनी जॉगिंग तो कम नहीं करनी पड़ती!'

मोहन ने बताया–'मैं तो प्रतीक्षा करने को तैयार था–रामसिंह ने ही मुझे यहाँ ज़बरदस्ती बुलाया।'

रामसिंह को अब अपना बचाव करना था क्योंकि उसकी कलई खुल चुकी थी।

मेरे कुछ कहने से पहले ही चिल्लाने लगा 'मैडम, मैं आपका बर्ताव नहीं समझ पाता। आप इतना क्यों ग़ुस्सा हो जाती हैं। मैं तो आपके लिए कुछ भी कर सकता हूँ पर आप मुझे हमेशा अपमानित करती रहती हैं। अब मैं आपके लिए कुछ भी नहीं करूँगा। मोहन मेरे चलते पूजा का सामान ख़रीद कर ला रहा था और आपने उसे डाँट दिया।'

और भी अलाय-बलाय बोलता रहा।

उसी दिन मैंने उसे अपने साथ जॉगिंग आने से मना किया। स्साला! यहाँ भलमनसाहत की तो पूछ ही नहीं है। मेरे सामने मोहन इसे इक्स्पोज़ कर रहा है और फिर भी यह मूर्ख अपनी ही हांके जा रहा है। मेरे लिए उसे कुछ भी करने की ज़रूरत नहीं है और मेरी सुरक्षा का भार तो इसे भारत सरकार ने दिया है–वरना भारत में तो यह चपरासी था–जूठे गिलास-कप धोता था। लल्लो-चप्पों करके इसने अपनी पोस्टिंग करवाई होगी और अब यहाँ बाबूगिरी झाड़ रहा है। विदेश मन्त्रालय की भल मनसाहत ही यही है कि चपरासी को भी डॉलर मिलते हैं और उनके भाव सातवें आसमान पर पहुँच जाते हैं।

इसलिए रामसिंह को ऑफ़िस प्रतिस्थापित करने का मेरा फ़ैसला ज़रूरी था।

दसवाँ दिन : बेहतरी की ओर

आज मुझे बेहतर महसूस हो रहा था। शरीर में थरथराहट और कमज़ोरी थी पर परसों की घटना ने हिला डाला था। दस दिनों से मैंने बाल नहीं धोये। कल शाम को ही मैंने आँवला, रीठा और शिकाकाई भिगा दिया था। पीढ़े पर बैठ कर मैंने शीतल जल से बाल धोये तो बेहद आराम महसूस किया। तुरन्त एक फ़ोटो फ़ेसबुक पर डाला। पर ऑफ़िस का कुचक्र! इसे कुचलना ही होगा। मैं भूल नहीं पा रही थी कि अधिक चिल्लाने से परसों मैं बेहोश हो गयी थी। मुझे एडमिन को हटाना ही होगा।

सबको पता है दक्षिण अफ़्रीका में सुरक्षा-व्यवस्था बहुत चौपट है। यहाँ की पुलिस फेल हो चुकी है–इसलिए लोग निजी सुरक्षा कम्पनी से गार्ड और अलार्म सिस्टम की व्यवस्था करते हैं। किसी के भी घर के बाहर 'शूट एट साइट', अलार्म रेस्पॉन्स, ट्रेसपासर शैल बी एक्सेक्यूटेड आदि डरावने फ्रेज़ लिखे दिख जाते हैं।

एक महिला होने के कारण मेरी ज़िम्मेदारी और भी बढ़ जाती है। चौबीस घंटे सेन्सिटिव अलार्म के कारण कोर्टेक्स सिक्योरिटी मुझे फ़ोन करके पूछता रहता है, 'मैडम, एव्रीथिंग ओके? वी गॉट अलार्म।'

'यस ऑल वेल।' मैं झुंझलाकर कहती रहती हूँ।

और बिना बताये एडमिन ने पाँच लोगों की पलटन मेरे घर में भेज दी–वह भी तब जब मैं और बच्चे कोरोना के एक्टिव मरीज़ हैं! कोई भी मर्द घर में नहीं और ऑफ़िस के लोगों को आने से मैंने मना कर रखा है।

मैंने उसे फ़ोन किया। पर उसे मेरे ग़ुस्से का पूर्वानुमान था–फ़ोन नहीं उठाया।

तब मैंने कड़ा फ़ैसला लिया और सी जी आई ग्रुप में लिखा।

‘आज आपने मेरी सिक्योरिटी और मेरे स्वास्थ्य से खिलवाड़ किया है। आप एडमिन का कर्तव्य निर्वहन ठीक से नहीं कर सके। मेरे फ़ोन का भी जवाब नहीं दिया। इसलिए आपको जनहित में एडमिन के पद से हटाया जाता है। आज से श्री बलदेव खन्ना एडमिन का कार्यभार सम्भालेंगे।’

तुरन्त खन्ना का उत्तर आया, ‘मैडम, आपकी आज्ञा का पालन होगा।’

रामसिंह को ऑफ़िस में और उसकी जगह अर्जुन को घर में रिपोर्ट करने को कहा।

‘जो आदेश मैडम।’

अब थोड़ी राहत लगी। मेरे तप्त-भग्न हृदय पर किसी ने शीतल स्पर्श किया।

ग्यारहवाँ दिन : गिरगिट-सी दुनिया

सुबह मेरा नाश्ता बहुत सिम्पल होता है–ओट और दूध या चिवड़ा और दही आदि। पर जब से कोविड हुआ है मुझे क्रिस्प ब्रेड टोस्ट पसन्द आ रहे थे।

पामेला ने एक कप चाय और एक टोस्ट सीढ़ियों पर रख दिया। मैं धीरे-धीरे सीढ़ियों से उतर रही थी कि एडमिन नेगी और उसकी पत्नी को घर में घुसते देखा।

'हाय! मेरी सुबह बर्बाद हो गयी।' मैंने मायूसी से सोचा।

वे दोनों ढेर सारा खाना पूड़ी, काले चने और खीर लाए थे। अभी तो मुझे ये सब खाने की मनाही थी।

पर एडमिन एकदम ढीठ प्राणी था। उसने घिघियाना शुरू किया। मैंने अभी नाश्ता भी न किया था–कमज़ोरी से थकान और चक्कर आ रहे थे और यह मुझे छोड़ने के मूड में नहीं था।

'मैडम, मैं समझ सकता हूँ आपकी नाराज़गी को। आपका ग़ुस्सा भी जायज़ है। मैंने रामसिंह को पूछ लिया था तभी मैंने इन लोगों को भेजा था।'

'पर एक्टिव कोविड पीरियड में घर क्यों सैनिटायज़ करवाना था, जब मरीज़ घर के भीतर ही थे।'

'मैं आपकी बात से सहमत हूँ, मुझसे ग़लती हो गयी, माफ़ कीजिए।'

'माफ़ तो कर ही दिया इसलिए सिर्फ़ एडमिन पद से हटाया, वापस भारत भेजने की अनुशंसा नहीं की।' मैंने सोचा पर कहा नहीं। प्रत्यक्षत: बस इतना कहा 'आपको मैंने माफ़ किया।'

'अब इस बात को जाने दिया जाये मैम।'

'हाँ अब इस टॉपिक को यहीं ख़त्म करते हैं। वैसे भी अब आपका ट्रांसफर हो चुका है–आप जाने की तैयारियाँ कीजिए, अपने सारे काग़ज़ात और रिटायरमेंट के डॉक्युमेंट को सही सलामत करवा लीजिए।' मैंने संयत होकर कहा।

‘जी वही कर रहा हूँ। पर मैडम आपसे एक विनती है। मैं दो साल में रिटायर होने वाला हूँ। कुछ महीनों में यहाँ से ट्रांसफर भी हो रहा हूँ। कृपया मुझे दुबारा एडमिन बहाल कर दीजिए। मेरे कैरियर पर दाग न लगने दीजिए। मैं अब आपके कहे अनुसार काम करूँगा।’

‘पर मैंने आपको सिर्फ़ एडमिन से हटाया है–बाक़ी टूरिज़म और समन्वय का कार्यभार तो अभी भी आपके पास ही है।’

‘हाँ, पर मेरी बड़ी बेइज्जती होगी। मेरे बच्चे (फफककर) मुझे कितना ही न समझेंगे।’

अब तक उसकी पत्नी चुप थीं। अब वे भी रोने लगी। मास्क हटाकर कोरोना के एक मरीज़ के सामने रोता हुआ आदमी और औरत कितने अजीब और बेबस लग रहे थे!

पर सबसे बेबस मैंने महसूस किया।

उन्हें टालने के लिए कह दिया, ‘ठीक है देखती हूँ–अगले सप्ताह ऑफ़िस में मिलते हैं।’

वे उम्मीद से लबालब हो कर चले गये। ये हाउस वाइफ़ ही असली जीवन-संगिनी होती हैं। चाबी भर कर उन्हें बाक़ायदा प्रशिक्षित किया जाता है कि कब मुस्कुराना है, कब उदास होना है और कब रोने लगना है–मैंने उस क्षण भी कौतुक से सोचा।

उनके जाने के बाद उनका लाया सारा खाना मैंने पामेला और माली को दे दिया। मेरा मूड नहीं था खाने का। मुझे कैसी तो बू आ रही थी–स्वार्थपरता और चमचागिरी की। वैसे भी उसके घर का खाना फीका और बेस्वाद होता है।

उनके यहाँ की खीर को हम दूधभात कहते हैं–नेगी कंजूसों की रानी है–कुकर में खीर पकाकर ऊपर से दूध डाल देती है। चीनी भी डालने से परहेज़ करती है–डायबिटीज़ के नाम पर।

उस दिन नेगी जी कह रहे थे कि घर में पार्टी करने पर बिजली-पानी भी तो खर्च होता है न मैडम! सरकार हमें बिजली-पानी कहाँ मुफ़्त देती है।

अरे कामचोर दीमक–मैं मन ही मन बड़बड़ाई थी–तुम भारत सरकार पर बोझ हो, बच्चों को अमेरिकन स्कूल की फ़ीस, बढ़िया बंगला, सीडी प्लेट की गाड़ी और लाखों की सैलरी के लायक़ हो तुम?–दसवीं पास करके आ गये

होंगे–और सरकार की वेल्फ़ेर नीति का सर्वाधिक लाभ उठाते हुए पैंतीस साल में क़रीब पचीस वर्ष तो तुमने विदेश में बिताए हैं–उस पर भी भारत सरकार से मुफ़्त बिजली और पानी चाहिए!

कोरोना के चलते मैं थोड़ी चिड़चिड़ी भी हो गयी थी। ऊपर से नेगी जी ने आकर मूड ख़राब कर दिया। मैंने सारी मेडिसिन की डोज़ ली और दिन भर कृत्रिम नींद सोती रही।

बारहवाँ दिन : चिकन करी

जब आप किसी विशेष रोग (मेरे केस में कोरोना) से ग्रसित हो जाते हैं तो सबसे पहले येन केन प्रकारेण उससे मुक्त होने का प्रयास करते हैं। आप दवाइयाँ लेते हैं, एंटीबायटिक लेते हैं, गरम सूप पीते हैं, स्टीम लेते हैं, काढ़ा पीते हैं, काली मिर्च और सौंठ की फंकी खाते हैं, साइड लाइन में होम्योपैथिक, आयुर्वेदिक व अन्य वैकल्पिक चिकित्सा पद्धति–सब कुछ आजमाते हैं।

मैंने भी वही सब किया। पर मुझे एकदम ताक़त नहीं लगती थी। जैसे डिलिवरी के बाद औरतों को ढीला-ढाला और बिखरा-बिखरा सा लगता है–मुझे भी वैसा ही लग रहा है। पर बच्चे के जन्म के बाद जो पैम्परिंग होती है–वह कोरोना से रिकवरी के दौरान कहाँ सम्भव है!

सो, एक ही रास्ता है कि ख़ुद ही ख़ुद की पैम्परिंग कर लो!

कोरोना के तीसरे दिन खाने का टेस्ट चला गया तो चौथे दिन घ्राणशक्ति चली गयी। चाहे कुछ भी खाओ–नमकीन, मीठा, खट्टा या तीखा–कोई फ़र्क़ नहीं पड़ता। भूख मर गयी थी और मुँह हमेशा सूखा रहता था–लगता था कि अब कभी टेस्ट वापस नहीं आयेगा और मुँह सूखना हज़ार लीटर पानी पीने से भी ठीक नहीं होगा।

मैं तब अपनी दादी के दिये हुए नुस्ख़े अपनाती।

बचपन में जब मुझे मलेरिया होता था तो उसी तरह मुँह का स्वाद बिगड़ जाता था। तब दादी नींबू काटकर उसे चूल्हे में कोयले की आँच पर काली मिर्च और नमक देकर फ़दका देती और मुझे गरम-गरम नींबू चाटने को देती। तीन-चार दिनों में ही स्वाद वापस आ जाता था।

अब भी वही कर रही हूँ। लगता है–मुँह का स्वाद वापस आ रहा है–वरना देहाती स्टाइल काली मिर्च वाला चिकन का झोर खाने का क्यों मन करता!

सो आज कोरोना के बारहवें दिन–मैंने नयी प्रसूता की तरह डगमगाते हुए दुबारा किचन में प्रवेश किया और काली मिर्च और कश्मीरी मसाले वाली चिकन करी बनायी। भुक्त भोगी के तौर पर मेरा मानना है कि कोरोना से रिकवरी में अपने हॉबी या शौक़ को न मरने दें, क्योंकि आपकी हॉबी ही आपको ज़िन्दा रखती है–आपके लिए संजीवनी का काम करती है–जबकि सारी दवाइयाँ आपके मुँह को कड़वा बनाती है–उस वक्त सुस्वादु भोजन को पकाने का मन करना–उसे पकाना और अपने बच्चों को खिलाना और खाना कोरोना से रिकवरी का मेरा हिस्सा है।

और है मेरी अहम् सक्सेस स्टोरी!

तेरहवाँ दिन : चेकअप

आज डॉक्टर को दुबारा सैम्पल दिया ताकि कोरोना रिकवरी रिपोर्ट आ जाये। वैसे डॉक्टर पहचान का था और वह मेरी सक्रियता देखकर बारहवें दिन ही ऑफ़िस ज्वाइन करने के लिए मान गया था। पर अपने सहकर्मियों के डर को देखते हुए मैंने–कोरोना फ्री-कन्फ़र्म करवाना ही बेहतर समझा।

मैं डॉक्टर के क्लिनिक में गयी, सैम्पल दिया और आ गयी।

एक स्थानीय सहेली–रीता जी ने चिकन व नान भेजा था–लंच के लिए–उसे खाने के लिए मन ललचा रहा था।

आज वाणी प्रकाशन की तरफ़ से मेरे कविता संग्रह 'प्रेम के विभिन्न रंग' पर ऑनलाइन डिस्कोर्स भी रखा था।

कमज़ोरी थी पर मैंने वो सफलतापूर्वक निभाया। काफ़ी लोग फ़ेसबुक पर मुझसे जुड़े और मेरे जीवन और किताब से जुड़े प्रश्न पूछे। बेहद अच्छा लगा।

जब इसे निबटाकर मैं खाने बैठी तो खाना एकदम फीका लग रहा था।

क्या हुआ–कल तो अपनी चिकन करी में मुझे टेस्ट आ रहा था, अब आज क्या हुआ? क्या मुझे दुबारा कोरोना हो गया?

मैं ऊपर अपने कमरे में और मेड नीचे किचन में। बड़ी मुश्किल से आवाज़ लगाकर उसे बुलाया। चिकन टेस्ट करने दिया।

पामेला ने बताया कि इसमें तो नमक ही नहीं है!

हे भगवान! मैं कितना डर गयी थी!

ऊपर से नमक और नींबू छिड़क कर मैंने लंच खाया। मुझे संजीव कुमार की उस पिक्चर की याद आयी कि वह ख़ाली झुनझुना बजा रहा है–जिस पर बच्चा प्रतिक्रिया नहीं दे रहा। जब डॉक्टर आता है तब भेद खुलता है कि बच्चे के कान में कोई ख़राबी नहीं है बल्कि खिलौना ही भीतर से ख़ाली है।

पामेला ने मेरे लिए बहुत किया। और भगवान की कृपा रही कि उसे कोविड नहीं हुआ वरना अपनी हालात के बारे में मैं कल्पना भी नहीं कर सकती हूँ।

बच्चों की क्लास ऑनलाइन चल रही थी। मुझ में तो शक्ति नहीं थी। पामेला ही बच्चों को उठाकर कम्प्यूटर पर बिठाती थी। आदि को सम्भालती थी। अपनी सुरक्षा के लिए बस उसने एक मास्क पहन रखा था–जो बस मन बहलाने के लिए अच्छे ख़याल की तरह था।

मेरे लिए स्टीम का पानी तैयार करना, मेरा पथ्य बनाकर सीढ़ियों पर रखना, बाहर से ग्रोसरी लाना–कितना काम करती थी पामेला! उसने मुझे चिर-ऋणी बना लिया।

चौदहवाँ दिन : ऑफ़िस पॉलिटिक्स

आज रविवार था। मुझे डॉक्टर के रिज़ल्ट वाली मेल का इन्तज़ार था। क़रीब बारह बजे मेल आया। मैं कोरोना-फ्री घोषित हो चुकी थी। ऐसा लगा कि चीख़-चीख़ कर दुनिया को बता दूँ। डॉक्टर ने स्पष्ट शब्दों में लिखा था कि 'इनके बॉडी में एंटीबॉडी तैयार हो चुके हैं और ये अब कोविड इन्फ़ेक्शन रेज़िस्टंट हैं। ये न तो कोविड फ़ैला सकती हैं और न ही उन्हें किसी से कोविड हो सकता है।'

तो क्या अब मैं बिना मास्क के घूम सकती हूँ?

डॉक्टर ने यह स्पष्ट नहीं किया था।

पन्द्रहवें दिन मुझे ऑफ़िस जाना था। दो सप्ताह क्वॉरंटीन और आइसोलेशन में रहने के बाद ऑफ़िस जाना बेहद भला लग रहा था।

क़रीब ग्यारह बजे मैं ऑफ़िस पहुँची। सहकर्मियों में पहले ही पता था सो सब लोग आ गये थे। मैंने तत्काल एक मीटिंग बुलाली।

वन्दे भारत फ़्लाइट्स अब बन्द हो चुकी थी। अब भारत सरकार प्राइवेट चार्टर भी स्वीकृत कर रही थी। दो चार्टर जाने वाले थे। उनकी पसेंज़र लिस्ट को हमें ही बनाकर स्थानीय प्रशासन से अप्रूव करवाना था। बहुत काम पेंडिंग हो चुका था। सब लोग काम पर लग गये।

तभी बलदेव खन्ना (नया एडमिन) कमरे में आया और इधर-उधर देखकर धीरे से मुझे समझाने लगा–'मैडम, अब तो बस तीन महीने की बात है, क्यों आप पंगा लेती हैं उससे। नेगी तो सदा से ही पंगा लेने के लिए बदनाम है। वह सबके पेपर चुपके से फ़ोटो कॉपी करवा कर रख लेता है और बाद में अज्ञात शिकायत करके तंग करता है। आपने तो इतने दिन उसके साथ निकाल लिए हैं, प्लीज़ थोड़े दिन और निकाल दीजिए। दूसरी बात कि मैं आपका पर्सनल सेक्रेटरी हूँ, और अगर मैं ही एडमिन बनकर फाइनेंस के मामले देखूँगा तो ऑडिट

ऑब्जेक्शन हो सकता है। आपने अभी उसे जो झटका दिया है तो कुछ दिन तक तो कहना मानेगा ही।'

'पर मैंने अपना निर्णय हाई कमिशनर सर को भी बता दिया है। वे भी नेगी के हटने से सन्तुष्ट थे।'

'आप सोच समझकर निर्णय लीजिए। अभी गजट में नहीं निकाला–तो सुविधा होगी।'

'ठीक है,सोचती हूँ।' मैंने अनमनेपन से कहा।

थोड़ी देर में शालिनी आयी तब उसने बताया कि खन्ना और नेगी दोनों आपस में मिले हुए हैं। एक-दूसरे से बात करके ही एक-एक कर आपके पास आ रहे थे। मैडम, क्यों अपना ख़ून जलाती हैं–यह सुधरने वाला अधिकारी नहीं है–अब तो रिटायरमेंट आ रहा है–अब क्या सुधरेगा?–बस पेंशन वग़ैरह की दिक़्क़त न हो–इसलिए घिघिया रहा है। आप छोड़ दीजिए। कहाँ तक आप सिस्टम को सुधारिएगा!

और मैंने मुद्दा छोड़ दिया।

नया आदेश रद्द हुआ और पुराना आदेश बहाल हुआ।

कोरोना ने मुझे अधिक सहनशील और सामंजस्यपूर्ण बना दिया था।

इसके बाद मैं अपने नियमित जीवन में प्रवृत्त हुई। कोरोना-पश्चात जीवन पर लिखने के लिए वैसे तो काफ़ी कुछ है। पर वह तो सामान्य जीवन का ही अंग है। छोटे-मोटे संघर्ष, सम्मान-अपमान, षड्यन्त्र, विजय-पराजय, ख़ुशी की खबरें, कोविड से करीबी और दूर के रिश्तेदारों की मौत–कभी कोई अनहोनी कभी कोई जीत–मीरेकल-चमत्कार, मज़दूरों का भारत में विस्थापन-पलायन–ये सब कुछ विचलित करता है। कभी-कभी यह बेचैनी ही लिखने को प्रेरित करती है–कुछ और कोरोना-योद्धाओं की कहानी जो जीत गये, कुछ हार गये, पर कोरोना से लड़े ज़रूर।

खण्ड-III

शालिनी पाठक

शालिनी लन्दन की पोस्टिंग कर के यहाँ आयी है—मुझसे बहुत पटती है क्योंकि वह भी खुले आम ख़ुद पर ही खिलखिलाकर हँस सकती है। उसे यहाँ पर कॉमर्स और मीडिया का काम देखना पड़ता है। वह मेहनती है और ख़ूब मन लगाकर काम करती है। हम दोनों को कोरोना के लॉकडाउन के दौरान भी काम करना पड़ता था।

शालिनी अतिरिक्त सावधानी बरतती। कभी छींक भी आती तो सतर्क हो जाती। हनुमान चालीसा का पाठ करने लगती। क्योंकि, शालिनी को पहले कैन्सर हो चुका था। तीन साल की कठिन साधना और दवाइयों और सर्जरी के बाद वह सामान्य और निरोग हो पायी है। अभी भी उसे धकधक लगी रहती है कि—फिर से कोई समस्या खड़ी न हो जाये।

दक्षिण अफ्रीका में कोरोना की दहशत चारों तरफ़ फैली हुई थी। हमारा ऑफ़िस भी पूरी तरह नहीं खुला था क्योंकि स्थानीय प्रशासन ने स्केलटन स्टाफ़ से ऑफ़िस चलाने के निर्देश दिये थे। हम सब थोड़ी देर के लिए ऑफ़िस जाते थे और फिर अपना काम करके वापिस आ जाते थे। लोकल स्टाफ़ को कभी-कभी ही बुलाया जाता था।

शालिनी के साथ काम करने वाली दो लड़कियाँ—मीरा और जेन ऑल्टर्रनेट डे आती थी। उस हफ़्ते जेन ऑफ़िस आ रही थी।

मेरे ऑफ़िस पहुँचने से पहले शालिनी किसी कम्पनी में सरकारी काम से गयी थी। जब शालिनी वापस आयी तो जेन का गला ख़राब था और वह बुरी तरह खाँस रही थी। शालिनी ने उस से कहा कि वह घर चली जाये और अगले दिन अपना कोरोना का टेस्ट करा ले।

अगले दिन उसे फ़ोन करके पूछा गया कि उसने अपना कोरोना टेस्ट कराया या नहीं। जेन ने कहा कि टेस्ट बहुत महँगा है और वह इतने पैसे नहीं ख़र्च कर सकती। बात आयी-गयी हो गयी। पाँच दिन बाद सुबह आठ बजे उसका फ़ोन आया। रोते हुए उसने शालिनी को बताया कि उसे कोरोना हो गया है। शालिनी ने उसे समझाया कि इसमें रोने की कोई बात नहीं है, उसको मज़बूत बनना है और अपने बेटे को ध्यान से रखना है।

भीतर ही भीतर, शालिनी ख़ुद बहुत घबरा गयी थी। उसने तुरन्त अपने सभी साथियों को बताया। जब हम वापिस पहुँचे हम तनाव में आ गये थे। सब लेबोरेटरीज़ को और डॉक्टर को फ़ोन करने लगे ताकि वो ऑफ़िस में आकर हम सब का टेस्ट कर सकें। परन्तु, उस दिन कुछ नहीं हो पाया।

अगले दिन मैं ऑफ़िस नहीं गयी मुझे फ़ोन आया कि मिसेस कनुप्रिया मिश्रा को भी बुख़ार आया है और उन्होंने अपना टेस्ट कराया है। मैंने शालिनी को भी टेस्ट करवा लेने को कहा।

शालिनी अगले दिन सुबह-सुबह अपना टेस्ट कराने गयी। शाम को पता चल गया कि मिसेस कनुप्रिया मिश्रा को कोविड हुआ है–तब शालिनी बेहद घबरा गयी। उसने कनुप्रिया को फ़ोन किया और थोड़ी देर बात की। वह हनुमान जी से नेगेटिव रिपोर्ट आने के लिए प्रार्थना करने लगी।

पर उससे क्या। थोड़ी देर में ही अपने को उसने यथासम्भव संयत किया। अगले दिन सुबह उठकर सबके लिए नाश्ते में आलू के पराँठे बनाये। उसी वक्त, उसे थोड़ी थकान लगने लगी और कमर में दर्द होने लगा। पर तब भी उसने पति और अम्मा के लिए पराँठे बनाये।

सब कुछ करके वह अपने कमरे में आ गयी और बिस्तर पर निढाल पड़ गयी।

कुछ देर बाद उसके पति जब कमरे में उसे खोजते आये, तब उसने भरभराई आवाज़ में कहा कि वह लंच नहीं बना पायेगी।

पतिदेव बेहद डर गये और दोनों प्रार्थना करने लगे कि यह मामूली आम कमर दर्द ही हो–कोविड की नज़दीक आती आहट को वे अनसुनी कर रहे थे।

वहाँ हम सबने एक लेडीज़ ग्रूप बना रखा था। उसने तुरन्त ऑफ़िस के लेडीज़ ग्रुप मैं अपडेट किया और कनुप्रिया मिश्रा को भी फ़ोन किया। घबराहट में उसे समझ में नहीं आ रहा था क्या करे और तभी डॉक्टर का मैसेज आया कि

कोविड हो या न हो–विटामिन-सी और ज़िंक सपलीमेंट लेनी ही लेनी है। उससे इम्यून सिस्टम मज़बूत होगा।

शाम हो चुकी थी और उस वक्त कोई साधन नहीं था कि दवाइयाँ मँगायी जा सके।

शालिनी घबराई, बहुत हड़बड़ाई पर फिर उसने सोचा कि ऐसे घबराने से क्या होगा जो होना है वो तो होना ही है ज़्यादा से ज़्यादा मर जायेंगे। उसने गहरी साँस लेकर अपने आपको समझाया। क्योंकि उसे आइसोलेट होना था, उसने अपना कमरा बन्द कर लिया और सारा खाना उसे कमरे के दरवाजे पर पहुँचाया गया।

शालिनी बड़ी डरपोक है। उसे अकेले सोने की आदत नहीं है। रोशनी में भी अकेले कमरे में उसे डर लगता है और रात को नींद नहीं आती। कमरा बन्द करके उसने टीवी चला लिया। जब सब सो गये तब भी वह पिक्चर देखती रही। इस पूरे आइसोलेशन के दौरान नेटफ्लिक्स ने उसका बहुत साथ दिया। अगले दिन ऑफ़िस का सिक्योरिटी गार्ड और ड्राइवर ज़रूरी सामान और दवाइयाँ ले आये। मेरे निर्देशानुसार उसने तीन बार गॉगल और तीन बार स्टीम लेना शुरू कर दिया। हालाँकि उसे गले में ज़्यादा दर्द नहीं था लेकिन बुख़ार चढ़ना शुरू हो गया था। रात को जब बुख़ार चढ़ता तो उसे पैरों में बहुत दर्द होता इतना दर्द कि सोना मुश्किल हो जाता। कमज़ोरी भी लग रही थी, रात को नींद भी नहीं आ पा रही थी। इस वजह से उसका सिर भारी और दुखता रहता था।

ऐसे कठिन समय में अक्सर भगवान की याद आ जाती है–क्योंकि भगवान ही सहारा होते हैं। शालिनी को भी भगवान जी याद आ गये–शालिनी के हनुमान जी। कैन्सर की बीमारी के दौरान शालिनी प्रतिदिन हनुमान चालीसा का जाप करती थी। हनुमान जी ने उसे तब बचा लिया था–अबकी बार भी मेरी रक्षा करना प्रभु–शालिनी के मन में हनुमान चालीसा का जाप चलता रहता था।

शाम तक वह अनचाही रिपोर्ट आ ही गयी कि शालिनी भी कोरोना पॉज़िटिव है। रिपोर्ट सुनी नहीं कि बेचारी शालिनी बेजान-सी हो गयी। पैरों में जैसे जान ही नहीं थी। उसे ऐसा लगा कोई ज़ोर से गला दबा रहा है। जब उसने घर में बताया कि वह कोविड पॉज़िटिव हो गयी है–सब घबरा गये। शालिनी जब अपना सामान एक कमरे में रख रही थी–होम आइसोलेशन के लिए–तब उसकी बेटियाँ, अम्मा और पति मुँह फेरकर रो रहे थे। सबकी हालत ख़राब हो गयी थी।

पर सबसे अधिक परेशान उसकी अम्मा हो गयी थीं, जो घूमने के लिए फ़रवरी में साउथ अफ्रीका आयी थीं और लॉकडाउन के कारण यहाँ फँस गयी थीं।

शालिनी ने एक कमरे में ख़ुद को आइसोलेट कर लिया। सबसे बड़ा चैलेंज था–उसकी अम्मा को कोविड से बचाना! अम्मा 85 साल की हैं। वे दिल्ली में अकेली रहती हैं–दिन-रात क्राइम पेट्रोल देखती हुई और अपनी तीनों बेटियों से रोज़ाना बात करती हैं। शालिनी के इकलौते भाई दिवंगत हो चुके हैं।

वे बाटला हाउस आतंकवादी ऑपरेशन में शहीद हो गये थे। मरणोपरान्त, उन्हें देश के सर्वोच्च सम्मान–अशोक चक्र से नवाज़ा गया है। अम्मा उन्हें बहुत याद करती हैं–शालिनी भी भैया को याद करके भावुक हो जाती है। भारत सरकार के द्वारा उन्हें पुलिस प्रोटेक्शन मिला हुआ है। चौबीसो घंटे पुलिस कर्मी उनके घर की सुरक्षा में तैनात रहते हैं। अम्मा भारत छोड़ कर कहीं रहना नहीं चाहती। अपने पोते दीपू में अपने बेटे को देखती हैं। एक नज़र उसे देखकर वंश बच जाने की राहत झाँक जाती है उनकी आँखों में। संयोग से अम्मा को जोहानसबर्ग बुलाने में मेरा भी बहुत बड़ा हाथ है। शालिनी और मैं–हम दोनों पक्की सहेलियाँ बन गयी हैं। शालिनी भी मेरी तरह हमेशा हँसती-खिलखिलाती रहती है। जब हम दोनों छुट्टी पर दिल्ली पहुँचे तो शालिनी को छोड़ने उसके घर गये। वहाँ बेहद आत्मीय माहौल में अम्मा मिलीं–जो शालिनी की अम्मा के साथ-साथ मेरी भी अम्मा हो गयीं। इतना स्नेह भरा है अम्मा के मन में कि मेरा छोटा सा दुःख देखकर भी आँखों के रास्ते छलक पड़ता है।

वे आँख पर दुपट्टा रखते हुए भारी आवाज़ में कहती हैं–'हाय, अंजु को इतना दुःख क्यों दिया भगवान ने।'

मेरा मन भी भर आता है पर मैं मुस्कुराकर अम्मा का ध्यान बटाने को कहती हूँ, 'अम्मा, दुःख तो सबको है–पर हमारे लिए ख़ास बात ये है कि हम दुःख में भी हँस सकते हैं–अपना ही मज़ाक़ बना सकते हैं–ये सबसे बड़ी बात है।'

अम्मा बच्ची की तरह होती जाती हैं और हम लोग बुढ़िया की तरह। वह वापस भारत जाने की ज़िद पर अड़ी हैं और कोविड के ख़तरों को देखते हुए हम उन्हें तरह-तरह से फुसलाकर बहलाते रहते हैं।

मैंने वादा भी किया है कि उसे छोड़ने मैं ख़ुद भारत जाऊँगी।

अम्मा बच्चों-सी खुश हो जाती हैं!

पर जब अम्मा को कोविड हुआ तो मेरे पैरों से जमीन खिसक गयी।

अब तक तो मैं ख़ुद को कोरोना वॉरीअर समझ रही थी। शालिनी ने रोते हुए उदास स्वर में मुझे सूचना दी। शालिनी ख़ुद को ज़िम्मेदार मान रही थी कि उसके चलते अम्मा को कोविड हुआ। वह ठीक से सेल्फ़-क्वॉरंटीन नहीं हुई। अम्मा भी अपने स्नेह में उसके पास चली जाती थीं। अगर अम्मा को कुछ हो गया तो भारत में बैठी बहनें और रिश्तेदार ताउम्र शालिनी को ज़िम्मेदार ठहराएँगे। शालिनी ख़ुद भी अपराधबोध से ग्रस्त थी। मैंने अम्मा से बात की। उनको तेज़ बुख़ार था। मैंने अपनी और शालिनी की दवाई उन्हें शुरू करवाई। शालिनी ने कहा कि मैं रोज़ अम्मा से बात करूँ तो वे ऊर्जावान और सकारात्मक महसूस करेंगी। मैंने ऐसा ही किया। उन्हें अपनी व्यर्थ की कॉमेडी से हँसाना चाहा–कि अम्मा, अब अच्छा हो गया कि शालिनी और आप एक ही कमरे में रह सकते हो!

अब घर में जब सबको कोविड हो गया है तो मास्क पहनकर घूमने की बला नहीं होगी।

–कि अब तुम देर रात तक क्राइम पेट्रोल देख सकती हो।

–कि अम्मा, तुम ठीक हो जाओगी तो लिम्का बुक में तुम्हारा नाम आ जाएगा–85 साल की जवाँ महिला ने कोरोना को पटकनी दी।

मेरी बातों से अम्मा को थोड़ी तात्कालिक राहत पहुँचती, पर जैसे ही वो भारत में अपनी सहेलियों-रिश्तेदारों से बात करतीं–वे लोग उन्हें डरा देते–डिप्रेस कर देते।

जैसे–अचानक कोविड में साँस रुक जाती है।

–अगर मर गयी तो बॉडी भारत नहीं आयेगी और साउथ अफ्रीका के वैदिक हिन्दू रीति से भी अन्तिम संस्कार नहीं हो पायेगा।

–अब आप कभी भारत का मुँह नहीं देख पाओगी।

–आपको लंग-फ़ायब्रोसिस हो सकता है।

–आपका दिल्ली के द्वारका वाले मकान में मरने का सपना नहीं पूरा होगा आदि-आदि।

हमने अम्मा को अपने योगा ग्रूप में शामिल किया और वीडियो से सुबह-शाम साँस का व्यायाम करने को मोटिवेट किया। सारी दवाइयाँ ख़ासकर बुख़ार और विटामिन लगातार दी। हम सब डॉक्टर के सम्पर्क में भी थे। सबसे बड़ी समस्या थी कि शालिनी को अभी-अभी कोविड हुआ था–मेरे घर के भी हम सब

बीमार थे–ऐसे में अगर अम्मा को हॉस्पिटल जाना पड़े–भर्ती होना पड़े–तो बड़ी परेशानी हो जायेगी। डॉक्टर की सलाह पर हमने ऑक्सीजन सिलेंडर को घर में और ऑफ़िस में रखा–अपने हॉस्पिटल-पैनल का विस्तार किया।

सबसे नज़दीक के हॉस्पिटल से हम लोगों के घर की दूरी मुश्किल से पन्द्रह मिनट होगी। एक गाड़ी को चौबीस घंटे ड्यूटी पर रखा गया कि रात-बिरात अगर किसी को इमरजेंसी में एडमिट होना पड़े तो कोई दिक़्क़त न हो। अप्रत्यक्ष रूप से यह सारी तैयारी अम्मा के लिए ही थी।

अम्मा मेरे कहने से भारत से यहाँ आयी थीं, और मेरे बहकावे में ही यहाँ लम्बे समय तक रहने को राज़ी हुई थीं–इसलिए मुझे अम्मा के लिए एक रेस्पॉन्सिबिलिटी का बोध था और साथ ही बेपनाह प्यार भी।

मैं अम्मा की प्रगति रात-दिन मॉनिटर कर रही थी। मेरे हाथ मूक प्रार्थना में बँधे हुए थे–पर अम्मा उम्मीद से अधिक मज़बूत निकलीं। सात दिन तक उन्हें बुख़ार आता-जाता रहा। 'हे भगवान! अम्मा को ठीक कर देना। वे सही सलामत पूरी तरह स्वस्थ हो कर भारत पहुँचे।' मैं यही बुदबुदाती रहती।

जब बुख़ार कम हुआ तो उनका ऑक्सीजन लेवल डाउन हुआ। फिर हमारी धड़कन बढ़ गयी क्योंकि कोविड में बुख़ार उतरने के बाद ही कॉम्प्लिकेशन शुरू होते हैं।

उनका रक्त चाप भी ऊपर-नीचे होने लगा। हम सब घबरा गये। पर अम्मा ने हिम्मत बनाये रखी। वे हॉस्पिटल जाने को राज़ी नहीं हुईं। उन्हें विश्वास था कि वे घर पर ही दवाओं और योगा-एक्सर्सायज़ से ठीक हो जायेंगी। और वही हुआ भी। दसवें दिन आते-आते उनकी हालात में सुधार होने लगा।

आख़िरकार, अम्मा ने बहादुरी से लड़कर कोरोना को पटकनी दे दी थी।

नीरज भैया-अपने हुए बेगाने

मेरे दादा जी चार भाई थे–जिसमें मेरे दादा जी तीसरे नम्बर पर और नीरज भैया के दादा जी दूसरे नम्बर पर थे। इस तरह हम दोनों सेकंड कज़िन हुए। वे हमसे तीन साल बड़े थे, इसलिए हम लोग एक साथ खेलते-कूदते और स्कूल भी जाते थे। मास्टर जी की मेहरबानी से उनका और मेरा जन्मदिन और साल एक ही लिखाया गया था, इस बात का भी वे मज़ाक़ बनाते कि मेरे साथ एक चुहिया भी जन्मी थी।

नीरज भैया एक साल फेल हो गये और मेरी छोटी बहन की कक्षा में आ गये। पर उससे कोई ख़ास फ़र्क़ नहीं पड़ा। आख़िर स्कूल तो एक ही था–एक कमरे का झमड़ा–जहाँ एक लाइन में एक कक्षा लगती थी। सबसे आगे वाली लाइन में पाँचवीं और सब से पीछे पहली कक्षा के विद्यार्थी कचर-पचर हल्ला मचाए रहते थे। नीरज भैया पढ़ने में ठीक थे परन्तु, खेती-बाड़ी के काम में उलझे होने के कारण पढ़ाई पर ध्यान नहीं दे पाते थे। परिणामस्वरूप हमेशा मास्टर जी उनको छड़ी से पीटा करते थे।

एक बार मास्टर जी ने एक कविता कण्ठस्थ करने को दी थी। कोई भी याद नहीं कर सका था, पर मैंने, मेरी छोटी बहन को वह कविता आधी रटा दी थी। पर वह नीरज भैया के मार खाने के डर से चुप हो गयी और मास्टर जी के पूछने पर सिर झुका कर 'ना' में मुंडी हिला दी। तब मास्टर जी ने सबको माफ़ करते हुए दूसरे दिन याद कर लाने का टास्क दिया। मैं चौथी कक्षा में थी और सब देख-सुन रही थी। मुझसे रहा नहीं गया और मैंने जाकर मास्टर साब को बतला दिया कि मंजु ने तो कविता याद की हुई है बस नीरज भैया के डर से नहीं बोल रही।

तब मास्टर साब ने मंजु से कविता सुनी–

'पुत्र: माँ यह बता दो सूरज

नित्य कहाँ जाता है।
क्यों होते ही प्रात:
पुन: नभ पथ पर
आ जाता है।'

मास्टर साब ने छड़ी पूजा की—नीरज भैया की और मंजु की भी कि झूठ क्यों बोला?

नीरज भैया मुझ से बहुत ग़ुस्सा हो गये और बाद में दौड़ा कर मेरी पिटाई की।

मैं चुप रह गयी और माँ को भी नहीं बताया—और पिटाई खानी थी क्या?

नीरज भैया को खेत जोतना आता था। जब वे खेत जोतते तो हम बैल बनकर जुवाठ—ख़ुशी-ख़ुशी अपने कन्धे पर ढोकर चलते।

जब वे खेत का दोहड़ (समतल बनाना) करते तो हम भी दोहड़ पर बैठकर सी-सॉ जैसी सवारी का मज़ा लेते।

फिर हम सब नापकर बैलों के पग-चिह्न बनाते ताकि काकी और काका को शक न हो कि खेत बैल ने नहीं बच्चों ने जोते हैं।

इसी तरह हम लोग गरमी के दिनों में महुआ चुनने जंगल जाते।

हमारा एक पुश्तैनी जंगल था—जिसके वनोपज का अधिकार किसी ज़माने में वहाँ के राजा ने हमारे पुरखों को दिया था। छोटे लड़के-लड़कियाँ भी साथ होते। बड़ा सुन्दर जंगल था। मोर और सियार जैसे पशु-पक्षी सहज ही दिख जाते थे। यह जंगल हज़ारीबाग़ नेशनल पार्क के अन्त में स्थित था इसलिए कभी-कभार बाघ भी दिख जाते थे।

हम सब नीरज भैया की अगुवाई में महुआ चुनते और इकट्ठे करते जाते। महुआ के ढेरों पेड़ और केड़िया थे। फिर महुआ चुनकर सबको बराबर बाँट दिया जाता था। चाहे कोई बड़ा या छोटा कोई फ़र्क़ नहीं पड़ता था। पर नीरज भैया उससे नाराज़ हो जाते! क्योंकि, आधा से अधिक महुआ तो वे ही जमा करते थे। हम लोग बड़ों से उनको अधिक महुआ देने का प्रस्ताव करते, पर बड़े न मानते क्योंकि गोतिया में नीरज भैया का जोत कम था, दूसरे लोग अधिक ज़मीन वाले थे इसलिए क़ायदे से महुआ उनको अधिक मिलना चाहिए था!

नीरज भैया तब बड़ों को संस्कृत में ढेरों ग़ालियाँ देते जैसे—दरिद्रम, मूँछगुंडम, पपिस्कम आदि।

उन्होंने सबको सभ्यताहीन, संस्कृतिविहीन आदि भारी शब्दों से विभूषित भी किया था।

हम सब उनसे बहुत प्रभावित रहते! उनकी मेधा, उनका हँसोड़ स्वभाव और सहज तीव्र बुद्धि और हाज़िरजवाबी के क़ायल थे, हम सब!

फिर नीरज भैया की पढ़ाई छूट गयी। उन्होंने मैट्रिक भी न पास किया और उन्हें कमाने के लिए मुम्बई जाना पड़ा। मेरे गाँव के नीरज भैया जैसे अर्ध शिक्षित युवाओं के लिए स्वप्न नगरी मुम्बई से बढ़िया कोई दूसरा विकल्प नहीं था।

अब वे कमाने लगे थे। किसी फ़र्नीचर की फ़ैक्टरी में रंदा खींचने का काम करते और दिन में दो सौ रुपया कमा लेते।

काकी को उनकी शादी की चिन्ता हुई!

आनन-फ़ानन में नज़दीक के जंगल से सटे गाँव की एक अनपढ़ लड़की से उनकी शादी करवा दी गयी।

वह जंगली लड़की मासूम और अल्हड़ थी।

काकी उसे दौड़ा-दौड़ा कर पीटती!

उसे भूखा रखतीं और कभी कभार बासी भात खाने को दे देतीं।

वह लड़की उम्र में मुझ से भी छोटी थी। लगभग पन्द्रह-सोलह साल की और मायके में उसने अभी ठीक से खाना बनाना भी नहीं सीखा था। वह सुबह अपनी बकरियाँ लेकर जंगल चली जाती और किसी पेड़ की मोटी डाल पर बैठ सुस्ताती या फिर अपनी हमउम्र लड़कियों के साथ डोल-पत्ता या पिट्ठू खेलती रहती। शाम को घर आकर माँ के हाथ का खाना खाती और बिस्तर पर ढेर हो जाती!

वही लड़की जब शादी करके ससुराल आयी और कर्कशा सास के हाथ पड़ गयी तो रोज़ बिना मार खाये भात खाना कहाँ नसीब था!

एक बार वह मेरे घर में आकर यूँ ही खड़ी हो गयी। हम सब खाना खा रहे थे।

मेरे दादा जी को दया आ गयी और उन्होंने माँ को निर्देश दिया कि इसे भी खाना दे दो!

माँ उसकी सास के दुर्दांत स्वभाव से परिचित थीं फिर भी उन्होंने बड़ी देर तक टाला। पर दादा जी के मनुहार और उस बालिका बव के कजरारी आँखों से झाँकती भूख को देख कर पिघल गयी।

उन्होंने जल्दी से थाली में भात-दाल, सब्ज़ी और अचार डाल कर दे दिया।

बहू को कई दिनों से ठीक से खाना नसीब नहीं हुआ था। बेचारी भूख से ही परेशान होकर मेरे घर तक आ पहुँची थी। उसने अपनी निरीह पनीली आँखों से माँ का धन्यवाद किया और दरवाज़े की तरफ़ पीठ करके गोद में थाली रखकर खाने लगी। वह बाबा और हमसे भी शरमा रही थी।

अभी उसने आधा खाना ही खाया होगा कि काकी पता नहीं कहाँ से अचानक प्रकट हुईं और उसकी पीठ पर ज़ोर से लात-मुक्के का प्रचंड घमघम प्रहार किया।

औचक प्रहार से बहू डर गयी और खड़ी हो गयी। अचानक खड़े होने से अधजूठी थाली और दाल की कटोरी गिर पड़ी।

काकी ने आव देखा न ताव–

मेरी माँ पर झपट पड़ीं।

'यही तुमको सिखा रही है। खिला रही है। माँगजारी (माँग जलना/विधवा), भतारखौकी, बेटकटौनि! पहले इसकी पूजा करती हूँ।'

कहकर उन्होंने वहीं पड़ा हुआ दादा जी का सोंटा उठाया और माँ की ओर लपकी।

पर माँ उनसे अधिक जब्बर और जवान थीं। उन्होंने काकी की कलाई पकड़ लीं और हाथ को बाँह से मरोड़ डाला। बेजान हाथों से सोंटा छीनकर दादा जी (जो मूक दर्शक बने हुए थे) की ओर उछाल दिया। और वे भी ग़ालियों का प्रत्युत्तर ग़ालियों से देने लगीं, 'मेरा माँग जारने वाली का ख़ुद न माँग ज़र जाये। तेरा बेटा-भतार न मर जाये।'

फिर दादा जी की ओर मुड़कर बोलीं–'आयं बाबूजी, हम बोले थे न कि इस कर्कशा औरत से मत झंझट मोल लीजिए, पर आप माने नहीं। दुधमुही लड़की पर दया दिखाई और मुझे ग़ाली खिलवाई। अब आप ही रोकिए इस राकसनी को–इस लड़की को मार डालेगी ये जब्बर औरत!'

काकी को समझ में आ गया था कि यहाँ उनका पाला मज़बूत ऑपज़िशन से पड़ा है–इसलिए उन्होंने बहू पर ही फ़ोकस किया।

मूर्ख बहू तब भी वहीं बकाठ-सी खड़ी थी। तब काकी ने मन मसोसते और दाँत पीसते हुए आँगन में सूख रहे सखुआ की एक सोटी उठाई और बहू पर उसे बेरहमी से बरसाते हुए बाहर निकली। हम बच्चे भी हल्ला मचाते हुए साथ हो लिए थे।

गाँव के चौराहे तक आते-आते बहू की पीठ और शरीर में लाल निशान साँप से उभर गये थे। बहू निढाल होकर वहीं गिर पड़ी। हमारे हल्ला मचाने और बहू की करुण पुकार से दुकान पर के सभी लोग दौड़े और काँपती बहू और जल्लाद-सी काकी को एक-दूसरे से अलग किया।

रात में बहू को सास ने फिर से लकड़ी के चैले से पीटा। परिणाम यह हुआ कि सुबह बहू ग़ायब थी। वह भागकर अपने मायके चली गयी थी। वह शाम को मायके से अपने माँ-बाबू जी और पाहन (गाँव का मुखिया) को लेकर लौटी।

शाम को घमाघम पंचायत बैठी।

काकी का वह रौद्र रूप मुझे आज भी नहीं भूलता।

जब उनके बोलने का मौक़ा आया तो उन्होंने सारा लोक लिहाज़ छोटे-बड़े और पंचों की उपस्थिति को ताक पर रखकर गरजते हुए गन्दी ग़ालियाँ बरसानी शुरू की, 'ये बहू है–चोट्टी।' उसको तो बस अपने खसम से मतलब है।

मेरा बेटा मेहनत करता है–जब रात को थक कर सो जाता है तो महारानी को मज़े चाहिए–इसको मेरे बेटे के आराम करने पर भी आपत्ति है! क्या कहती है कि मेरा पति मुझे प्यार नहीं करके, सो क्यों जाता है? बस मज़े करने के लिए आयी है ये। एक भी काम इससे करवा लो तो मानें। खाना बनायेगी–तो ख़ुद गरम चावल का ढेला खा लेगी और सास को चावल का चूरा दे देंगी–पिच पिचाया हुआ। इसलिए देख रही हूँ, उस छिनाल को एक टाइम को पिचपचाया भात देकर कितना दिन गर्मी बनी रहती है–और रात में मज़े कर पाती हो।

इतने पर भी एक चुटरी (चूहे का बच्चा) भी जनम जाये तुम को तो मेरा नाम बदल देना। ई डायन मेरे बेटे का ख़ून और जवानी तो पी ही जायेगी। अगर पाँच पंच लोग इसका इन्साफ़ नहीं किये तो मैं इसके .... में लूवाठी घुसेड़ दूँगी। कोई मुझे ग़ुस्सा न दिलाये, हाँ। और उसके माँ-बाप को तो मुँह पर कालिख पोतकर भेज दूँगी।'

सारे पंच और लोग अवाक्। इतना ग़ाली और अपशब्दों का प्रयोग! गाँव में औरतें ग़ालियाँ देती हैं–पर इतना ?

हमने भी काकी का वह वीभत्स, विकृत कालिका रूप पहली बार देखा था। उसके बाद कितनी ही देर तक पंचायत में चिल्लपौ मची रही। काका और भैया लोग काकी को पकड़कर घर में बन्द कर आये क्योंकि उसके पहले काकी हिंसक हो गयी थीं और समधी का पगड़ी सिर से खींचकर पैरों तले रौंद उसकी दाढ़ी नोच डाली थी।

पंचों ने और बहू के माँ-बाप ने रात में जाकर थाने में रिपोर्ट करवा दी थी।

परिणामस्वरूप सुबह ही थाने से पुलिस आ गयी और काका-काकी और नीरज भैया को दहेज और शारीरिक उत्पीड़न के आरोप में जेल में बन्द कर दिया गया।

लगभग दो-तीन सप्ताह तक जेल में रहने के बाद मेरे बाबू जी के निजी मुचलके पर काकी-काका और नीरज भैया जेल से वापस आये।

पुलिस को दिये वचन के अनुसार नीरज भैया बहू को लेकर बम्बई चले गये। काकी अपना बाल नोचती रह गयीं।

जिस काकी ने श्राप दिया था कि इस बहू को 'चुटरी' भी नहीं होगी, वही काकी कुछ सालों बाद बहू के जुड़वाँ बेटों के लिए गाँव भर को बधावा खिला रही थीं और छठियारी पर अपने आँगन में नाचने के लिए गाँव की औरतों को आमन्त्रित कर रही थीं।

पर बहू की पिटाई वाली घटना से मेरी माँ और काकी के बीच उसके बाद हरदम शीत युद्ध बना रहा। काकी अपनी बदज़ुबानी के लिए प्रसिद्ध थीं, पर नीरज भैया और उनके अन्य भाई बहन बड़े अच्छे थे। हम लोग चूँकि हमउम्र थे, आपस में हमारी दोस्ती थी। बाद में नौकरी के सिलसिले में गाँव छूट गया और गाँव के लोगों से सम्पर्क नाममात्र का रह गया तब भी मेरी माँ अक्सर मुझे नीरज भैया, भाभी और काकी के बारे में आवश्यक सूचनाएँ देकर अपडेट करती रहती थीं।

मसलन, नीरज भैया ने लकड़ी के बिज़नेस से अच्छा ख़ासा पैसा कमाया था। इसलिए वे ऐन झोपड़ पट्टी में नहीं रहते।

उन्होंने अंधेरी में बड़ा फ़्लैट ले लिया है और उनके दोनों बच्चे इंग्लिश मीडियम स्कूल में पढ़ते हैं।

नीरज भैया ने काकी और काका को चार धाम की यात्रा भी कराई है। काकी नीम चौराहे पर बैठकर केदारनाथ जाने की बात इतनी बढ़ा-चढ़ाकर बताती थीं कि जलनडाही औरतों की आँख कपाल पर चढ़ जाती और मुँह करिया हो जाता था। 'का कहें रानी! जब घोडवा पर हम बैठे तो हक्कर-हक्कर डोलता था। पूरा पेट मथा गया। तड़बक-तड़बक!' आख़िर मेरे श्रवणकुमार ने पूरा तीरथ करवा ही दिया।'

लेकिन, काकी अभी तक भौजी को माफ़ नहीं कर पायी थीं। वो इस बात को भूल नहीं पाती थीं कि बहू और उसके बाप ने उन्हें बाप-बाप कहला दिया था और जेल की हवा खिलाई थी। पर क्या करतीं—इसी जंगली काली बहू ने बेटे को पता नहीं क्या जड़ी-जगमोहिनी खिलाकर मोह लिया था कि बेटा भेड़ा बनकर उसके खूँटे से बँधा मिमियाता रहता था। अब तो काकी पोते की शादी के लिए बरतूहार देखवा रही थीं—पर सापुर की तरफ़ नहीं—अब भूलकर भी वे जंगल-पहाड़ की लड़की नहीं लाना चाहती थीं। इसी गरमी में नीरज भैया को परिवार सहित गाँव आना था।

पर होनी को कुछ और ही मंज़ूर था।

नीरज भैया बड़े-बड़े एक्टर लोगों के यहाँ फ़र्नीचर सप्लाई करते थे। लकड़ी के पैनल बनाना और पैचवर्क वाली कारपेंटरी में उनका सानी न था!

मई के महीने में जब मुम्बई के धारावी और अन्य अधिकतम जनसंख्या वाले क्षेत्रों में चरम पर फैला हुआ था—वे शायद कोरोना संक्रमित हुए। पर उनमें कोरोना के कोई लक्षण नहीं दिख रहे थे। बस हल्का बुख़ार था।

वे घर पर ही रहे और पेरासीटामोल खाते रहे। पर कमज़ोरी बढ़ती गयी। तीन-चार दिन बाद उन्हें साँस लेने में तकलीफ़ होने लगी। वे अधिकतर बिस्तर पर ही रहते।

सप्ताह भर बाद स्थिति और भी गम्भीर हो गयी। जब उनके बड़े भैया ने उनकी बीमारी के बारे में सुना तो लॉकडाउन में किसी तरह छिप-छिपाकर आये और उनकी हालत देखकर डर गये।

तुरन्त उन्होंने किसी प्राइवेट संस्था या लैब से आदमी बुलाकर नीरज भैया का स्वॉब कोरोना टेस्ट करवाया।

रिज़ल्ट दो दिन बाद शाम को आया। वे कोविड पॉज़िटिव निकले।

पर घरवालों पर इसकी विपरीत प्रतिक्रिया हुई।

जिस बहू ने जब्बर सास से पंगा लिया था वह कोरोना से डर गयी और रातों-रात कहीं भाग गयी। साथ में बच्चों को भी ले गयी।

नीरज भैया ने शायद शाम को ही अपना अन्त देख लिया था। सुबह नौ बजे उनकी ऑटोमेटिक घड़ी रुक गयी। उन्होंने उसी समय अन्तिम साँस ली होगी। चार भाई, एक बहनोई, दो बेटे, एक बेटी और पत्नी के रहते हुए भी वे लावारिस घोषित हुए और नगर पालिका की गाड़ी उनकी बॉडी उठाकर ले गयी। अन्तिम संस्कार भी न हो सका।

उनकी खबर लेकर उनका छोटा भाई, संजय–गाँव आया था।

गाँव के प्राथमिक विद्यालय को क्वॉरंटीन सेंटर बनाया गया था। वह एक मज़ाक़ ही था क्योंकि गाँव के सभी लोग खाना लेकर स्कूल के मैदान में पहुँच जाते और फिर सब बैठकर ताश खेलते और गपशप करते थे।

ऐसे माहौल में नीरज भैया के मौत की खबर आयी तो पहली बार गाँव सहम गया। गाँव ने एक होनहार बेटे को खोया था। गाँव हार गया था, कोरोना जीत गया था।

काकी का तो रो-रोकर बुरा हाल था। कोई चुपाने वाला भी नहीं जा सकता था–क्योंकि लॉकडाउन था। हालाँकि, गाँव के लोग फिर भी पहुँचे थे और काकी को सांत्वना दी थी। पर कोरोना को हराना मुश्किल लग रहा था।

काका बाहर सुन्न बैठे रहते हैं–कुछ भी याद नहीं रहता आजकल–बस खाने के वक्त उनकी भूख चमक जाती है–वे ख़ूब खाते हैं–काकी बड़बड़ाती हैं 'तू मेरा जवान बेटा खा गया रे अब क्या चबाएगा–मेरी हड्डी!'

काका सिर झुका कर सपासप दाल-चावल खाते रहते हैं, निर्लिप्त। मानो उन्होंने कोरोना के आगे समर्पण में सिर झुका दिया हो।

अभी तक बहू और बच्चों का पता नहीं चल पाया है, पता नहीं वे लोग कहाँ चले गये।

काकी सारा दोष बहू पर डालना नहीं छोड़ती–'भाग गयी होगी किसी भतार के संग–खा गयी डायन मेरे बेटे को.. अब खायेगी अपने बेटे को ... तब असल डायन बन जाएगी।'

काकी को सब नीम-पागल समझने लगे हैं। उन्हें कौन समझाए कि असल डायन तो कोरोना है–जिसने कितनों के बेटे और पति खाये हैं। कितनी माँओं को निपूती और कितनी सधवाओं को विधवा बना दिया है।

कोरोना और बेरोज़गारी : विपिन भैया

विपिन भैया की शादी होने वाली थी, हम सब बेहद प्रसन्न थे। भैया मुझ से बस एक साल सीनियर थे, और मुझे बहुत मानते थे।

वे मेरे सगे भाई नहीं थे, पर हम दोनों में सगे भाई बहनों जैसा प्यार था।

विपिन भैया की माँ और मेरी माँ का मायका हज़ारीबाग़ के आसपास था–इस नाते वे एक-दूसरे को बहन मानती थीं–उनके मायके से सन्देशवाहक और वस्तुवाहक भी एक-दूसरे का सन्देश और सामान हमारे घरों में पहुँचा जाते थे। हम लोग एक-दूसरे की माँओं को मौसी कहते थे। इन दोनों माँओं में लव-हेट का रिश्ता था। जब प्यार होगा तो बहुत प्यार और जब झगड़ा हो गया तो बहुत दिनों तक बातचीत बन्द!

पर हम बच्चों के बीच ऐसी कोई बात नहीं थी–हम लोग 'सुखे-दुखे समे कृत्वा' में विश्वास करते थे।

विपिन भैया के पिताजी सीधे सादे इन्सान थे पर भयंकर नशेबाज थे। वे दिन भर गाँजा पीकर मौसी को बड़ी-बड़ी ग़ालियाँ दिया करते थे। गाँजा ने उन्हें शरीर और दिमाग़ दोनों से कमज़ोर बना दिया था।

मौसा राँची में पूजा-पाठ का काम किया करते थे, और छुट्टी या व्रत-त्योहार में ही गाँव आया करते थे।

बीच-बीच में पोस्ट कार्ड भेजकर गाँव, घर और बच्चों की खबर ले लिया करते थे। मौसी पढ़ी-लिखी नहीं थीं, इसलिए चिट्ठी पढ़ने के लिए विपिन भैया या मुझे बुलाया करती थीं।

एक बार मौसी ने एक पोस्ट कार्ड पढ़ने के लिए मुझे बुलाया।

मैं एक साँस में पढ़ती चली गयी। मुझे यह भी एहसास था कि मौसी की प्रशंसा भरी नज़रें मुझ पर टिकी हुई हैं–इसलिए और ज़ोर से चिट्ठी पढ़ती गयी।

सामान्य समाचार के बाद लिखा था–'और तुम? तुम दालान में बैठकर शाम को यह देखना कि कौन तुम्हारा भतार बन सकता है?'

मुझे तो भाषा के सस्ते और बाज़ारूपन का जब तक एहसास हुआ, तब तक तो मैं सारा कुछ एक साँस में पढ़ चुकी थी।

मैं शर्म, ग्लानि और दुःख से रुआसी हो गयी।

मौसी के भी आँखों में उत्तप्त आँसू थे।

मैंने घर आकर माँ को बताया कि मौसा कितनी ख़राब ग़ाली लिखकर मौसी को चिट्ठी लिखते हैं! पढ़कर मेरी जीभ अकड़ गयी और सर्वांग सिहर उठा।

उन दिनों माँ और मौसी की बोलचाल बन्द थी। माँ मौसी पर और आगबबूला हो गयी कि वारी-कुँआरी लड़की से ऐसी चिट्ठी पढ़वाती है!

कहाँ गया उसका बेटवा? विपिनवा! उसको क्यों नहीं दी चिट्ठी पढ़ने!

और तुम भागकर चली गयी मानो मौसी तो मेवा खिलाएगी तुम्हें? ठीक हुआ तेरे साथ–कैसा मज़ा मिला!

ख़ैर, मैंने माँ का मूड देखकर मौसी का रोना बताया। माँ तो ऊपर से सख़्त पर भीतर से नरम थी। तुरन्त बहिनापा दिखाने पहुँच गयी।

वापस आने पर माँ ने बताया कि मौसा की दिमाग़ी हालत फिर से ख़राब हो गयी है। मौसा अक्सर गाँजा फूँकते रहते और चिलम का दम लगाकर गाँव की मठिया में पड़े रहते।

मौसी बताती थीं कि वे शादी के बाद से ही पागल हो गये थे।

क्यों? क्योंकि शायद किसी डायन ने उन पर बान मार दिया था!

का बतायें बेटा! मौसी लम्बी भूमिका बनाकर बताती

'शादी के बारह साल बाद भी मेरा गौना नहीं हुआ क्योंकि ये मिल ही नहीं रहे थे। न जाने कौन संथालिन बान मार दिहिन थी कि ये ग़ायब हो गये थे। सुनते हैं कि संथालिन के हाथ से पान खाते थे–दारू भी पीते थे। वहीं पर अखाद्य (पोर्क और बकरा) खाने का उनको चस्का चढ़ा दिया उस कलूटी ने। मौसी चिढ़कर कहतीं।

* * * *

जब रक्षाबंधन आता तो हर साल मौसी मुझे बुलवा लेतीं। उनके कोई बेटी नहीं थी और हमारा भाई तब हुआ नहीं था।

माँ को क्या आपत्ति होती!

वे तो चाहती ही थीं कि बेटियाँ उस दिन दु:खी न हों। मौसी भी चाहती थीं कि विपिन भैया की कलाई सूनी न रहे उस दिन!

सो हम नये कपड़े पहनकर सज-सँवरकर उन लोगों के यहाँ थाल में राखी, मिठाई, रोली और दीया सजाकर पहुँच जाते।

मौसी सबसे पहले मुझे अन्दर चौके में बिठातीं और दूसरी लड़कियों को बाहर बिठातीं। वे लड़कियाँ भी भैया को राखी बाँधने आयी होतीं। पर मौसी मुझे सबसे अधिक चाहती थीं।

उन्हें वे आटे का कढ़ा प्रसाद और एक सिक्का देकर विदा कर देतीं। तब मुझे और भैया को सामने-सामने बिठातीं।

भैया ऊँचे पीढ़े पर बैठता और मैं बोरे पर। अरवे चावल के घोल से मौसी बीच में चौक पूरती। दीया बालती। फूलमाला रखतीं और मुझे सारे विधि-विधान बताती जातीं। एक रूमाल विपिन भैया के सिर को ढँकने के लिए देतीं। मैं भैया के लिए सबसे बड़ी फ़ोम वाली राखी ख़रीदती। टीका लगाकर जब मैं राखी बाँधती तो पता नहीं क्यों–मौसी भावुक हो जाती और रोने लगती। मैं और भैया अवाक् होकर उन्हें देखते। तब वे अंचल से आँसू पोंछकर खूँट से पाँच रुपए का कड़कड़ाता नोट मेरी थाली में रख देतीं।

पर मुझे जिस असली उपहार का इन्तज़ार रहता–वह था–मौसा को दान में मिले लाल राती ओढ़नी, चूड़ी, बिन्दी और नेल पॉलिश का। मौसी एक पैकेट बनाकर ये चीज़ें चुपके से मुझे देतीं!

ग़रीबी सबसे बड़ा अनाचार है। यह व्यक्ति को ग़लत आचरण, ग़ाली-ग़लौच, मारपीट, नशाखोरी, शराब, चरित्रपतन, हत्या और आत्महत्या के लिए भी उकसाता है।

कई दिनों नहीं कई सालों से मौसा जी बीमार थे। उनको अब खाना भी हज़म नहीं हो रहा था। जवानी के दिनों में हट्टे-कट्टे मौसा अब बिस्तर से लगकर रह गये थे। सत्तर वर्ष की आयु हो चली थी। बाल-दाढ़ी सफ़ेद हो गयी थी। दाँत गिर गये थे।

मौसी तो गिन-गिन कर जवानी के दिनों की अपनी अवमानना और अपमान, दु:खों और लांछन के बदले ले रही थीं। मौसा जी अब ठीक से चल-फिर भी नहीं पाते थे। अपने दालान में चौकी पर बस एक मसहरी लगाकर उसके अन्दर लेटे रहते–और आने-जाने वालों को रोककर 'कऊँन है रे!' पूछते।

अगर वह राही फ़ुरसत में होता तो रुककर अपना परिचय बतलाता और 'राम राम दुआ सलाम' करते जाता और अगर जल्दी में होता तो उन्हें इग्नोर करके चला जाता। तब मौसा अपने पोपले मुँह से एक भद्दी ग़ाली उसकी ओर एक ढेले की तरह उछाल देते, तेरी माँ की ..।

दालान के दूसरी ओर मौसी अपने हाथ में कोई न कोई काम लेकर बैठी होतीं जैसे सूजनी पर कान्था स्टिच कर रही होतीं या फिर अपनी फटी साड़ी पर पैबन्द लगा रही होतीं।

मौसा की ग़ाली की प्रतिक्रिया में वह धीमे से फुसफुसातीं 'पता नहीं ...कब मरेगा इ कँढरा (गिद्ध)'!

और नफ़रत से पिच्च से बग़ल के पिलर पर थूक देतीं।

जैसा फ़िल्मों में दिखाया जाता है कि पति मर रहा है और पत्नी दुखी आँसू बहा रही है, वैसा कुछ इस परिवार के साथ न था।

ग़रीबी ने इनके शरीर के साथ-साथ संवेदनाओं को भी सुखा दिया था।

मौसी काम करते-करते और गृहस्थी की गाड़ी खींचते-खींचते इतना थक गयी थीं कि अब बस दो वक्त की सुकून की रोटी चाहती थीं। वह भी उन्हें नसीब न थी।

पहले छुप-छुपाकर किसी के घर में मज़दूरी कर लेती थीं। कभी रेज़ा का काम तो कभी किसी के यहाँ दीवाल पर मिट्टी साटने का काम, या फिर आढत पर सब्ज़ियाँ बेचने का काम!

पर कोरोना ने सब कुछ चौपट कर दिया था।

लॉकडाउन में अब तो लोग डर से घरों में इस तरह दुबके थे जैसे कोई शक्तिशाली अज्ञातशत्रु हमला करना ही चाहता है।

बचाव ही इसका इलाज है, यह मूल मन्त्र गाँवों तक भी पहुँच चुका था। लोग हर काम को बन्द कर बैठे थे।

पूरे देश की अर्थव्यवस्था चौपट हो गयी थी तो ऐसे में इन दिहाड़ी-सीज़नल मज़दूरों के बारे में कौन सोचता?

कई बार तो पेट भर खाना भी नहीं मिलता है। गाँव में बरसात में ऐसे भी चावल और सब्ज़ियों की अत्यन्त कमी हो जाती है।

इस बार ज़मींदार भी ड्योढ़ा या दोबरी पर अनाज नहीं निकाल रहा था। तो ऐसे में फाका करने के अलावा चारा भी क्या है।

मौसी ने कई दिनों से सिर्फ़ नाममात्र को खाया था।

मौसा तो आजकल सिर्फ़ माड़ पी पा रहे थे क्योंकि और कुछ इन्हें पचता नहीं है।

आज लक्षण कुछ अच्छे नहीं दिख रहे। मौसा जी सुस्त दिख रहे थे।

रोज़ वे चिल्लाकर सबको उठा देते और कुल्ला करके चाय की गुहार लगाते रहते थे। पर आज दिन चढ़े वे नींद में डूबे थे।

यह असामान्य नींद! यह-सीने की घरघराहट!

ऐसा तो वे कभी नहीं सोते थे!

मौसी ने सहमते हुए विपिन भैया को उठाया।

'बुबुआ, देखो तो, बाबूजी काहे नहीं उठे अब तक?'

जब विपिन भैया ने मसहरी उठाकर देखा तो मौसा जी बुरी तरह घरघरा रहे थे।

वे घबरा गये। पर मौसी अनुभवी थीं। अपनी सास को उन्होंने देखा था कि बुढ़िया को ऐसे ही अन्त में घरघरी चढ़ी थी।

उन्होंने कपाल पर हाथ लगाया और भैया को भागकर बग़ल की मधुबाला के यहाँ से गंगाजल लाने भेजा। वे स्वयं रोती हुई तुलसी दल लेने पिछवाड़े बारी में गयीं।

विपिन भैया तो समझ नहीं पा रहे थे कि क्या करे? उसका दिमाग़ गाँजे की पिनक में था। उसने सोचा कि बीस रुपए में एक पौवा चढ़ा लेने से उसे कॉन्फ़िडेन्स आयेगा और वह इतनी तेज़ी से घट रहे घटनाक्रम को समझ पायेगा।

वह मधुबाला के घर गया और छोटे बच्चे की तरह सुबकते हुए बोला, 'मधु, बाबूजी चले जा रहे हैं सो थोड़ा-सा गंगाजल और बीस रुपया देना तो।'

गाँव में सब ग़रीबी झेल रहे थे। मधु विधवा थी। वह एक ब्यूटी पार्लर चलाती थी पर लॉकडाउन में वह भी बन्द था। दूसरे वह विपिन भैया को जानती थी। उसे यह पता था कि ये पैसा हाथ में आते ही कलाली (शराबखाना) की ओर भागेंगे। इसलिए उसने विनम्रतापूर्वक मना कर दिया, 'भैया बीस रुपया तो मेरे पास नहीं है, पर गंगा जल देती हूँ। चाचाजी कहीं जा रहे हैं क्या?'

बेचारी मधु! उसे नहीं पता था कि मौसा अब दुनिया छोड़कर जा रहे हैं!

ठीक उसी समय विपिन भैया के घर की तरफ़ से मौसी के ज़ोर-ज़ोर से रोने का शोर सुनाई दिया।

'जा! सत्यानाश! खेल ख़त्म हो गया।' विपिन भैया ने मायूसी से कहा और मधु के साथ-साथ ही अपने घर तक आया। पर घर तक आते ही भागकर दालान में गया और एक बार मौसा के चेहरे से चादर उठाकर देखा, फिर बच्चे की तरह ज़मीन में लोटकर रोने लगा।

सबको विपिन भैया से सहानुभूति थी। वह गाँव का होनहार लड़का था। उसने राँची यूनिवर्सिटी से अच्छी पढ़ाई की थी। पर आरक्षण के कारण नौकरी नहीं पा सका। शायद इसलिए वह आरक्षण का कट्टर विरोधी था।

अपने फ़ेसबुक स्टेट्स में लिखा था कि "हे भगवान! मेरे अन्तिम समय में भी मेरे मुँह से 'आरक्षण मुर्दाबाद' निकले।"

कितनी कोशिश की उसने कि वह ज़िन्दगी को पटरी पर ले आये।

पहले बम्बई में दर्ज़ी की नौकरी, फिर ऑटो रिक्शा चलाना, मकान बनाने में राजमिस्त्री बना! फिर जब भागकर वापस आया तो वह सबके घरों की दीवारों को पेंट करने लगा।

जब सरकार बदली तो एक राजनीतिक पार्टी का मीडिया प्रभारी बन गया। वह अच्छा लिख लेता था और उसे कम्प्यूटर का भी बेसिक ज्ञान था, इसलिए रोज़ पोस्ट डालता। अपने दोस्तों में वह दिलदार और पॉपूलर बाबा के रूप में जाना जाता था।

पर दालान की भीड़ से छिटककर जब वह कुएँ की तरफ़ जाने लगा तो लोग उसकी ओर दौड़े।

चौधरी ने उसे अंकवार में भर लिया और वापस लाने की चेष्टा करने लगे। वह लगातार विरोध करता रहा।

'काका, मुझे मर जाने दीजिए। मुझे बाबूजी के बग़ैर नहीं जीना है। उनके अलावा मेरा इस दुनिया में कोई नहीं है... मुझे टुवर बनकर नहीं रहना। मेरे पास तो उनके कफ़न के लिए भी पैसे नहीं हैं। ऐसा नालायक बेटा बनकर मुझे नहीं रहना। मुझे कुएँ में डूब कर मर जाने दीजिए।'

पर चौधरी काका ने उसको नहीं छोड़ा। लोग उसे पकड़कर आँगन में ले आये। फिर मौसा के अन्तिम बिछौने के लिए पुआल, बाँस आदि का इन्तज़ाम करने लगे।

तब मौक़ा देखकर विपिन भैया फिर निकल भागा—अबकी बार बीस फुटवा कुआँ की ओर।

वह कुआँ बेहद ख़तरनाक और डरावना था। किसी ज़माने में इसे ज़िले के सिंचाई विभाग ने बनवाया था। इसका डायमेटर बीस फ़ीट था इसलिए इसे बीस फुटवा कुआँ कहते थे। पर बरसों से अन्य योजनाओं के कार्यान्वयन की तरह इसका भी इस्तेमाल सिंचाई के लिए नहीं, बल्कि आत्महत्या के लिए होता था।

गाँव का निर्बन्सिया मिसिर भी इसी में डूबकर मरा। पति-पत्नी में झगड़ा हुआ तो रूपलाल ने इसी कुएँ में जल समाधि ली थी।

अनेक गाय-भैंस, बकरियाँ और सुअर इसमें डूबकर मर चुके हैं। कारण है भयंकर झाड़-झँखाड़ का उग आना और कुएँ में बड़े-बड़े विषैले और विषहीन साँपों का बसेरा होना। कुएँ में ऑक्सीजन की इतनी कमी कि लालटेन या पेट्रोमैक्स पल में बूझ जाता था। कहते हैं कि मारे गये जीवों की आत्माएँ उस कुएँ के आसपास घूमती रहती थीं और आसपास फटकने वाले जीवों को अपना शिकार बना लेती थीं।

ऐसे में विपिन भैया बीस फुटवा की ओर दौड़ा!

अगे! मैयागे! दौड़ो हो लोगों!

मेरा बेटा बौराहा है—वह डूब जायेगा।

मौसी अब मौसा के लिए कारन करना छोड़कर कुएँ की दिशा में दौड़ी। सब लोग लाश छोड़कर भागे।

बीस फुटवा कुआँ गाँव के बाहर पश्चिम दिशा में बनाया गया था। वहाँ तक पहुँचते-पहुँचते गाँव के फुर्तीले युवकों ने विपिन भैया को पकड़ ही लिया।

उसको डाँट-फटकार कर, दुलार-पुचकार कर लोग वापस लेकर चले।

वह सिर झुकाए सब के बीच चल रहा था। बीच-बीच में बच्चों की तरह थरथरा कर सिसक रहा था।

लोग उसकी पीठ और बाँहें सहलाते ज़िन्दगी की कड़वी सच्चाई को उसे समझाते चल रहे थे।

'बबुआ, तुम घर के बड़े हो। अब तुम्हें ही सबको सम्भालना है। तुम इस तरह से हिम्मत हार जाओगे तो तुम्हारी माँ का क्या होगा? तुम्हें अब माँ, भाई और पूरे परिवार को देखना है अब इस परिवार के तुम्हीं मुखिया हो।' चौधरी ने समझाते हुए कहा।

विपिन भैया चुपचाप था। शायद ज़िन्दगी की सच्चाई से रूबरू होने की कोशिश कर रहा था। या फिर हक्का-बक्का था। इसमें कोई सन्देह नहीं कि वह

अपने बाबूजी को बेहद प्यार करता था। दारू-गाँजा पीने में भी दोनों पार्टनर थे। बम्बई से उनके लिए स्पेशल गाँजा और बिलैती दारू लेकर आता था। मौसा जी दालान पर बैठ पूरे गाँव को ब्रांडी और भैया की महिमा बखानते थे।

'इ दारू थोड़े ही है, इ तो दवाई है। बिटवा ला दिया है–नींद और शरीर में गर्मी लाने के लिए।'

लोग घर आते-आते सामान्य हो गये थे और लाश को जल्दी-से-जल्दी श्मशान ले जाना चाहते थे। वैसे भी बरसात का मौसम था–अगर नदी उफन गयी तो बस फिर अधजली लाश को नदी में फेंककर भागना पड़ेगा!

विपिन भैया को बग़ल में ले जाकर चौधरी काका और अन्य लोगों ने कफ़न के लिए पैसे निकालने को कहा। भैया अन्दर गये और एक देशी अद्धा का नीट गटागट पीकर बाहर निकला।

पर किसी को पता नहीं चल पाया।

'मधु! तुम्हारे घर में तुलसी और आग रखने के लिए हांडी है न?' अभी-अभी मैंने देखी थी।

'हाँ भैया।' मधु ने हामी भरी।

पर फिर तुरन्त ही बिनता दी ने उसे मधुबाला के कुएँ की तरफ़ जाते हुए देखा।

'शायद हांडी खोज रहा होगा।' दीदी ने सोचा।

पर तभी कुएँ में 'छपाक'!! की ज़ोर से आवाज़ हुई।

बिना देर किये बिनता दी चिल्लाती हुई कुएँ की तरफ़ इशारा करती हुई दौड़ी।

पीछे-पीछे पूरी भीड़!

सब लोग कुएँ की जगत से कुएँ के अन्दर झाँक रहे थे।

आनन-फ़ानन में पगहा उसकी ओर फेंका गया, कुएँ के भीतर। लोग साँस रोके भैया के सतह पर आने का इन्तज़ार कर रहे थे।

गाँव में मान्यता है कि गंगा माई हमेशा एक मौक़ा देती है–और अपने अन्दर के जीव को जो डूब रहा होता है–ऊपर सतह की ओर उछाल देती है–लो बचा लो अपने को–फिर मुझे दोष मत देना! उसी तरह बरसात में कितनी बार गाय, बकरियों, बच्चों और आदमियों को लोगों ने कुएँ के भीतर से हाथ पकड़कर खींच लिया है। उन दिनों पानी से कुएँ लबालब भरे रहते हैं–हाथ बढ़ाकर पानी को छुआ जा सकता है।

आख़िर, ग्रामीण मान्यता जीत गयी। विपिन भैया ऊपर छपिलता हुआ दिखा। वह पानी की सतह पर था।

'अरे बेटा रे! पगहा पकड़ ले जल्दी से।' लोग नीचे रस्सी लटका रहे थे।

मौसी ने कहा।

हाँ, विपिन रस्सी पकड़ लो! हाथ जोड़ते हैं बेटा।

चौधरी काका ने सचमुच हाथ जोड़कर मिन्नत की।

लोग पगहा उसके हाथ के आसपास लौका रहे थे। मिन्नतें कर रहे थे।

भैया ने कुएँ के भीतर से देखा–बाहर की दुनिया!

ग़रीबी, भूख और जहालत से भरी दुनिया!

उसके पास तो बाबूजी के कफ़न के लिए पैसे भी नहीं हैं। कितना बुरा लगेगा कि बेटे के अछेते गाँव के लोग चन्दा करके उसके बाप का कफ़न जुटा रहे हैं।

धिक्कार है उसे! सचमुच कुएँ में डूब मरने की बात है। वह डूबकर मर जायेगा तो गाँव वाले चन्दा करके बाप-बेटे का कफ़न जुटा ही लेंगे। बचकर बाहर आयेगा–तो यही गाँव वाले–जो पगहा लौका रहे हैं न अभी–सब बाद में मुँह फेर लेंगे। फिर उसका कौन है जिसके लिए जिए? पाँच साल का वह सुन्दर मुखड़े वाला कालकवलित बेटे का सुन्दर चेहरा पानी के भीतर उभरा, आ रहा हूँ, बेटा! तुम्हारे साथ खेलने को और इस बार तुम्हें अकेले कुएँ में डूबकर मरने नहीं दूँगा। मैं आ रहा हूँ!

विपिन भैया ने जगत पर झूल आये सबके चेहरे देखकर आँखें बन्द कर ली और चुपचाप नीचे चला गया।

लोग दुबारा इन्तज़ार करने लगे! हे गंगा! दुबारा अपनी भलमनसाहत दिखाओ! लड़के को उगल दो।

पर प्रकृति बार-बार उदार नहीं हो सकती!

बहुत देर तक विपिन भैया ऊपर न आया।

लोग झग्गर लाने के लिए आसपास के घरों में चले गये। गाँव में झग्गर भी तो सबके घर में नहीं मिलता। और समय पर हमें कोई चीज़ कहाँ मिलती है! कुछ लोग विपिन भैया की चालाकी और मक्कारी की चर्चा करने लगे।

'अरे तैरना जानता है न! याद है! नाग पोखरी से कैसे बीस-बीस सिक्के निकाल लाता था, विपिनवाँ डूबकर। इ बड़ी चालू है। बड़ी देर तक साँस रोककर पानी में रह सकता है!'

नहीं! ये लोग भैया का बुरा नहीं चाहते थे। बस वे उसकी जिजीविषा की ताक़त में भरोसा करना चाहते थे।

डूबते को तिनके का सहारा!

पर वह भरोसा बहुत जल्दी टूट गया।

लोग झग्गर लेकर लौटे और कुएँ में फेंक दिया।

'अरे धीरे हो भाइये! कहीं झग्गर की अंकुशी सिर-विर में न मार देना।'

पहले सम्हालकर फिर अन्धाधुन्ध झग्गर से और गोतेखोरों ने कुएँ को हींट डाला।

लगभग घंटे भर की कड़ी मशक़्क़त के बाद विपिन भैया की फुली हुई लाश कुएँ से निकाली गयी।

लोगों ने चन्दा करके मौसा जी और भैया के लिए कफ़न का इन्तज़ाम किया। गाँव में लकड़ी की कमी नहीं है। परम्परानुसार हरेक घर ने मिलकर लकड़ी जुटाई और भारी व दुखी मन से उनका अन्तिम संस्कार किया।

मौसी के दुःख को बयान करने के लिए मेरी क़लम में वह ताक़त नहीं है।

एक साथ बेटा और पति को खोकर एक बेबस, लुटी-पिटी औरत को कैसा लगेगा, इसका अनुमान पाठकों पर छोड़ सकते हैं।

विपिन भैया–कोरोना नहीं कोरोना काल का शिकार बना। ग़रीबी व बेरोज़गारी सबसे बड़े शिकारी हैं। विपिन भैया गरीब थे, बेरोज़गार थे। भैया क्या करते? वह लड़े पर वह निहत्थे थे–और आत्मभिमानी थे–इसलिए हार गये।

फ़क़ीर हसन
(जुलाई, 2020)

भारत से चालीस-पचास के दशकों में इनके पूर्वज बेहतर जीवन की तलाश में आये थे। फ़क़ीर हसन ने जर्नलिज़म और फ़ोटोग्राफ़ी को अपना शौक़ और पेशा बनाया। कोरोना महामारी के फैलने के बाद वे अधिकतर अपने घर में ही रहते थे। कई बार उन्हें मैंने सम्पर्क किया और ऑफ़िस आने के लिए निमन्त्रित किया परन्तु वे कोरोना के चलते सेल्फ़ क्वॉरंटीन में थे, इसलिए हमारे निमन्त्रण को विनम्रतापूर्वक मना कर देते। हमने भी उनकी इच्छाओं का सम्मान किया और अधिक ज़ोर नहीं डाला।

उन्हीं दिनों 18 जुलाई को हमने नेल्सन मंडेला के 102वें जन्म-दिवस के उपलक्ष्य में एक वेबिनार का आयोजन किया। इसमें सारे स्पीकर को अपने घर से ऑनलाइन होना था।

फ़क़ीर हसन ने सौ से ऊपर किताबें लिखी हैं, जिनमें से एक किताब नेल्सन मंडेला के भारतीयों के साथ सौ इंटरैक्शन के बारे में है। इसलिए हमने फ़क़ीर भाई को भी बोलने के लिए आमन्त्रित किया। वेबिनार की रूपरेखा जानकर उन्होंने हाँ कर दी।

18 जुलाई को उनका मेसिज आया कि वे कोरोना पॉज़िटिव हो गये हैं, और इसलिए वेबिनार में बोल नहीं सकेंगे।

हमने उपाय निकाला कि सिर्फ़ उनका ऑडियो टेप चलाया जाये। इसके लिए वह मान गये।

वेबिनार बहुत अच्छा हुआ।

इसके चार दिन बाद मैंने उन्हें फ़ोन करके पूछा कि आप कैसे हैं?

वे आवाज़ से ठीक ही लग रहे थे। पर शाम को उनकी हालत बेहद ख़राब हो गयी और उन्हें हॉस्पिटल में दाख़िल करवाना पड़ा। जब वे घर वापस आये और ठीक हो गये तब उनसे रक्षाबन्धन वाले दिन बात हुई। वे मुझे अपनी बहन मानते हैं। हम दोनों ने प्रार्थना की कि अगले वर्ष हम सचमुच एक-दूसरे के सामने हो पायें और मैं उनकी कलाइयों पर राखी बाँध पाऊँ।

उन्होंने भी माना कि सामान्य हालात में हॉस्पिटल जाने की कोई ज़रूरत नहीं है। मेरी सलाह उन्होंने मान ली और मेरी बतायी दवाइयाँ भी, इसके लिए उनका धन्यवाद। भगवान का धन्यवाद कि वे ठीक भी हो गये।

मेरी एक सहेली और जोहानसबर्ग इंडियन वोमेंस एसोसिएशन की एक्स को मेम्बर (मैं इस संस्था की प्रेसिडेंट हूँ)-रीता जी भी कोविड पॉज़िटिव हो गयी। उनसे मेरा परिचय जोहानसबर्ग आने के तुरन्त बाद ही हो गया था। मेरी यूके में हाई कमिशनर रुचि घनश्याम मैडम की वे अच्छी मित्र रही थीं। रुचि मैडम ने मुझे कहा था कि कोई भी मदद की ज़रूरत हो तो रीता जी को बताना। वे जोहानसबर्ग में काफ़ी समय से बस गयी हैं इसलिए सब कुछ जानती हैं–लोग, दुकान, मॉल और घर पर कोई ज़रूरत हो तो वे विश्वासी मकैनिक और प्लंबर भी रेकमेंड कर देती हैं।

मेरे जोहानसबर्ग पहुँचते ही दूसरे दिन रीता जी मुझसे मिलने आ गयीं। पहली मुलाक़ात में ही रीता जी मुझे बड़ी अच्छी लगीं।

दिवाली नज़दीक थी। हमने साथ दिवाली मनाई। वे सदा ख़ुश रहतीं। बच्चों के लिए अपने हाथ से चिकन बनाकर भेजतीं।

मुझे कोविड होने पर भी उन्होंने पूछकर मेरे लिए चिकन भेजी थी। इसलिए एक दिन जब उनका घबराया हुआ स्वर सुना तो मैं चौंक गयी। उनके बेटे सलिल को कोविड डाइग्नोस हुआ था।

सलिल ढिंगरा भारत के प्रसिद्ध ब्रांड डाबर का अफ़्रीका रेप्रेज़ेंटटिव है।

वह इस लॉकडाउन में अच्छे क्वालिटी के सैनिटाइजर भी बनाता है। अभी हाल में ही फ्रांस की एक कम्पनी से उन्होंने पर्फ़्यूम मँगाया था जिसे सैनिटाइजर में डाला जाना था।

एक दिन वह अपने ऑफ़िस में जब क्वालिटी चेक कर रहे थे तो उन्हें कोई सुगन्ध नहीं आयी। उन्हें लगा कि ये मैन्युफ़ैक्चरिंग मिस्टेक है, इसलिए अपनी सारी टीम को बुलाया और डाँटा कि अबकी फ्रांस से कैसा पर्फ़्यूम आया है–कोई

सुगन्ध ही नहीं है–आप लोगों ने कम तो नहीं डाली? या फ्रांस की कम्पनी ने घटिया माल तो नहीं भेजा?

तो उनके स्टाफ़ ने आश्चर्य प्रकट किया क्योंकि उन्हें तो बड़ी तेज़ पर्फ़्यूम की गन्ध आ रही थी।

तुरन्त लोगों ने उन्हें सलाह दी कि कोविड टेस्ट करवा लें। घर आने के बजाय वे वहीं से लैब गये और अपना स्वॉब टेस्ट करवा डाला।

सलिल की मम्मी रीता जी का सुबह-सुबह फ़ोन आया–'सलिल कोविड टेस्ट में पॉज़िटिव आया है। हाय, मैं तो बहुत घबरा रही हूँ। प्लीज़ बताओ न क्या करें?'

मैंने उन्हें शान्त किया और विस्तार से सारी दवाओं के बारे में समझाया। फिर अपना ऑक्सीमीटर भी सलिल के लिए भिजवा दिया।

मैंने रीता जी को अपने घर के अनुभव के आधार पर ताकीद की कि सबसे अधिक आपको बचाव करने और सावधानी बरतने की आवश्यकता है। बच्चों को कोविड माइल्ड होता है और उनकी इम्यूनिटी भी डिवेलप हो जाती है। आप बस बचकर रहिएगा।

सलिल का घर बहुत बड़ा है। वे अपने घर में ही आइसोलेट हो गये। वहीं उनका खाना बेल बजाकर पहुँचा दिया जाता। स्विमिंग पूल की बगल में एक आरामकुर्सी डालकर वे थोड़ी देर धूप ले लेते थे। पर बच्चों, पत्नी और रीता जी से दूर ही रहे।

तब भी पता नहीं कैसे रीता जी और बच्चों को कोविड हो गया। उनकी पत्नी अंजली भी पॉज़िटिव हो गयी।

यह स्वाभाविक और सम्भाव्य था कि उसके तुरन्त बाद रीता जी और परिवार के अन्य सदस्यों को कोविड हो जाये। इसमें एक व्यक्ति को अगर कोविड है और वह आइसोलेट भी होता है तब भी यह पाया गया है कि साधारणत: सारे परिवार को कोविड हो जाता है। आइसोलेशन मुश्किल है ख़ासकर भारतीय परिवारों में।

पर सब लोग और रीता जी भी बिना हॉस्पिटल गये घर में ही मेरे बताये इलाज और दवाइयों से ठीक हो गये। हम बीच-बीच में बातचीत करते रहते थे।

आलोक धन्वा

हिन्दी के प्रसिद्ध कवि आलोक धन्वा मेरे सुपरिचित हैं। वे हमेशा मुझे लिखने के लिए प्रेरित करते रहते हैं। उनका फ़ोन आया कि उन्हें खाने का टेस्ट नहीं आ रहा है और उन्हें दो-तीन दिन से बुख़ार भी है। मैंने उनसे पूछा कि क्या पेरासीटामोल और विटामिन-सी एवं ज़िंक सप्लमेंट उनके पास है?

'नाः!' बुख़ार की गोली थी वह कल ही ख़त्म हो गयी। आप किसी से भिजवा सकती हैं?

'ज़रूर मैं कोशिश करती हूँ।'

मैंने अपनी पहचान वालों को फ़ोन किया। सबसे पहले मैंने मेरे पति को फ़ोन किया क्योंकि मेरी ससुराल पटना में ही है। और मेरे बड़े भैसुर आलोक धन्वा जी के यहाँ जा चुके हैं।

पर आशा के विपरीत मेरे घर वालों ने मदद करने से साफ़ मना कर दिया कि वहाँ जाने से अगर उन्हें कोविड हो गया तो?

मैं दुःखी तो हुई पर कुछ कह नहीं पायी। सबको अपनी सुरक्षा के लिए अपनी स्ट्रैटेजी स्वयं बनानी होती है। कोरोना काल के लॉकडाउन में हर कोई अपने तरीक़े से अपना बचाव कर रहा है।

तब मैंने नयी धारा के सम्पादक डॉ. शिवनारायण जी को फ़ोन किया। वे भी धन्वा जी के परिचित हैं। उन्होंने तत्परता से मदद करनी चाही।

मैंने कृष्णा चैतन्य जी जो मेरे मित्र और बीरगंज के मेरे कार्यकाल के सहयोगी रहे हैं, उन्हें भी फ़ोन किया क्योंकि वे भी पटना से हैं और धन्वा जी को जानते हैं।

उन्होंने कहा कि एक घंटे में मेरी लिखी हुई दवाई उन तक पहुँचा दी जायेगी। मैंने उनका बहुत धन्यवाद किया। और तब शिवनारायण जी को सूचित किया कि अभी रुकें, किसी और मित्र ने उन्हें दवाइयाँ भिजवा दी हैं।

आलोक धन्वा जी सत्तर साल के हैं। मुझे हमेशा उनके स्वास्थ्य की चिन्ता बनी रहती थी। कोई अनहोनी न हो जाये! वे अकेले रहते हैं—उनकी मेड भी उनके साथ नहीं है—अगर वे दवाई खाना भूल गये तो क्या होगा?

मैं इसके आगे सोच नहीं पाती थी और उन्हें हर रोज़ फ़ोन करके दवाई खाने और एक दिन भी सप्लीमेंट न मिस करने की सलाह देती। सौभाग्य और ईश्वर कृपा से वे ठीक हो गये हैं। तब मेरी जान में जान आयी।

संजीव रंजन मेरे सीनियर सर के घर सबको कोविड हो गया था। उनके पिताजी आईसीयू में भर्ती थे। शीघ्र ही उन्हें कोविड पॉज़िटिव परन्तु एंटीबाडी बना हुआ (यानी रिकवर किया हुआ मरीज़) का ओ पॉज़िटिव प्लाज़्मा चढ़ाया जाना था। उन्होंने सोशल मीडिया पर अपील की थी। मैं भी विदेश सेवा अधिकारी व्हाटसऐप ग्रुप की सदस्या हूँ। मेरा भी ब्लड ग्रुप ओ पॉज़िटिव है। मुझे भी कोविड हो चुका और मैं भी रेकवर्ड कैटेगरी में आती हूँ—इसलिए मैंने उनको निजी संदेश भेजा कि मैं उन्हें प्लाज़्मा देना चाहती हूँ—क्योंकि मैं 'मोस्ट सूटेबल' हूँ। परन्तु मैं अभी दक्षिण अफ्रीका में हूँ।

संजीव सर ने बताया कि उनके पिता जी अब बेहतर हैं—पर वेंटिलेटर पर हैं। मैं बेहद चिन्तित हो गयी क्योंकि—एक बार अगर मरीज़ वेंटिलेटर पर रखा जाता है तो उसके ठीक होने के चान्स कम ही होते हैं। पर मैंने सर को ये बात नहीं कही। मैंने उन्हें बताया कि साँस लेने की तकलीफ़ को यूके के एनएचएस के डॉक्टर माइल्ड स्टेरॉयड से ट्रीट करते हैं। आप भी पिताजी के डॉक्टरों से ज़रूर सलाह करें।

उन्होंने मुझसे वादा किया। पर दुःखद समाचार मिला कि उनके पिताजी कोरोना से हार गये। पहली सितम्बर को हॉस्पिटल में उनका देहान्त हो गया।

मंगलेश डबराल
(नवम्बर, 2020)

जब मैंने प्रथम कविता संग्रह 'प्रेम के विभिन्न रंग' लिखी तो मेरे प्रिय कवि आलोक धन्वा जी को उसकी एक छोटी-सी भूमिका लिखने के लिए कहा। उन्होंने कहा कि आजकल वे कम ही लिख रहे हैं, परन्तु वे अपने अन्य मित्र और प्रसिद्ध कवि मंगलेश डबराल को कहेंगे कि वे मेरी किताब पर कुछ लिख दें।

मैंने मंगलेश सर को फ़ेसबुक पर मित्र बनाया और मेसेंजर पर सन्देश लिखा। उन्होंने तुरन्त जवाब दिया कि कविता की पांडुलिपि उन्हें मेल कर दूँ। दो-चार दिन में वे इस पर ज़रूर कुछ लिख देंगे।

मैंने पांडुलिपि भेज दी।

मैं बेसब्र हो रही थी—इसलिए और इन्तज़ार नहीं कर पा रही थी। एक-एक दिन उनकी प्रतिक्रिया जानने के लिए भारी पड़ रहा था।

तब मैंने उनसे मेसेंजर पर चैट शुरू किया।

उन्होंने मेरी चैट का जवाब दिया। मेरी कविताओं के बारे में उन्होंने कहा कि वे उन्हें 'प्रेम से आप्लावित' लगीं। उन्होंने मुझे ढेर सारे दिल भेजे—यानी दिल की इमोजी!

वे चितचोर टाइप कवि थे। किसी के भी क़रीब आ जाते थे और उसको अपना बना लेते थे। काश कि मैं उनसे कभी मिल पाती!

पन्द्रह नवम्बर को उन्होंने आख़िरी बार मेरे मेसिज का जवाब दिया कि वे मेरे कार्यकाल में दक्षिण अफ्रीका आना चाहेंगे।

मैं अभी-अभी अफ्रीका पहुँची थी। व्यस्तता के कारण उनके सन्देश का कोई जवाब नहीं दे पायी।

तब तक आलोक धन्वा जी से पता चला कि मंगलेश सर कोरोना संक्रमित हो गये हैं।

चूँकि, मंगलेश डबराल मेरे फ़ेसबुक मित्र थे। मैंने तुरन्त फ़ेसबुक खंगाला। 23 नवम्बर को उन्होंने अपने बुख़ार होने की बात स्वीकारी थी।

उन्होंने लिखा–'बुख़ार वाला किस्सा!'

'बुख़ार की दुनिया भी बहुत अजीब है। वह यथार्थ से शुरू होती है और सीधे स्वप्न में चली जाती है। वह आपको इस तरह झपोड़ती है जैसे एक तीखी-तेज़ हवा आहिस्ते से पतझड़ में पेड़ के पत्तों को गिरा रही हो। वह पत्ते गिराती है और उनके गिरने का पता नहीं चलता। जब भी बुख़ार आता है, मैं अपने बचपन में चला जाता हूँ। हर बदलते मौसम के साथ बुख़ार भी बदलता था। बारिश है तो बुख़ार आ जाता था, धूप अपने साथ देह के बढ़े हुए तापमान को ले आती और जब बर्फ गिरती तो माँ के मुँह से यह ज़रूर निकलता... अरे भाई, बर्फ गिरने लगी है, अब इसे ज़रूर बुख़ार आयेगा।'

इसके आगे मंगलेश डबराल ने लिखा था कि, एक बार सर्दियों में मेरा बुख़ार इतना तेज हो गया कि पड़ोस की एक चाची ने कहा अरे छोरा, तेरा बदन तो इतना गरम है कि मैं उस पर रोटी सेंक लूँ! चाची को सुनकर लोग हँस देते और मेरा बुख़ार भी हल्का होने लगता। उधर, मेरे पिता मुझे अपनी बनायी बुख़ार की कारगर दवा ज्वरांकुश देते जिसका कड़वापन लगभग असह्य था। वह गिलोय की गोली थी, लेकिन पता नहीं क्या-क्या पुट देकर इस तरह बनायी जाती थी कि और भी जहर बन जाती और बुख़ार उसके आगे टिक नहीं पाता था। एक बार गाँव में बुख़ार लगभग महामारी की तरह फैलने लगा तो पिता ने मरीजों को ज्वरांकुश देकर ही उसे पराजित किया। अपनी ज्वरांकुश और हाजमा चूर्ण पर उन्हें बहुत नाज था, जिसकी परम्परा मेरे दादाजी या उनसे भी पहले से चली आती थी। पिता कहते थे कि जड़ी-बूटियों को घोटते वक्त असल चीज यह है कि उन्हें कौन सा पुट–दूध, शहद, घी, अदरक, पारा, चाँदी, सोने का–दिया जाता है। उसके अनुसार उसकी तासीर और इस्तेमाल बदल जाते हैं। बहरहाल, जब मेरा बुख़ार उतरने लगता तो मुझे उसकी आहट सुनाई देती। वह सरसराकर उतर रहा है, बहुत आहिस्ते, जैसे साँप अपनी केंचुली उतारता है। केंचुली उतरने के बाद लगता है शरीर बहुत हल्का हो गया है और आने वाले बुख़ारों को झेलने

में समर्थ है। बुख़ार के बाद त्वचा में एक अजीब पतलापन आ जाता था और हाथ की शिराओं का नीला रंग उभर आता जिसे देर तक देखना अच्छा लगता।

यह पोस्ट देखकर मुझे डर लगा। पता नहीं क्यों दिल में कम्पन सा हुआ।

यह बुख़ार कहीं कोविड तो नहीं?

उनके परम मित्र मेरे स्नेही अभिभावक तुल्य आलोक धन्वा जी से पता चला कि वे कोविड संक्रमित हो गये हैं। सीरियस हैं पर घर पर ही अपना इलाज करवा रहे हैं।

मैंने उन्हें तीस नवम्बर को लिखा

नमस्ते सर!

मुझे आलोक धन्वा सर से पता चला कि आप कोविड पॉज़िटिव हो गये हैं और घर पर ही सेल्फ़ आइसोलेशन में अपना इलाज कर रहे हैं।

नीचे दी हुई मेडिसिन की लिस्ट कृपया ज़रूर ले लीजिएगा।

भारत में डॉक्टर लंग इन्फ़ेक्शन के लिए दवाइयाँ नहीं देते हैं–जो अधिकांश केस बिगड़ने का कारण है।

इसलिए तीन बार अस्थलीन पफ तथा रात में मोंटोफ्लेक्स या मोन्टेयर लेना अति आवश्यक है।

मैंने क़रीब तीन सौ मरीज़ों को ये दवाइयाँ दी हैं और सब ठीक हो गये हैं–धन्वा जी भी!

कृपया ये सारी दवाइयाँ एक सप्ताह नियम से लें।

आपके शीघ्र स्वास्थ्य लाभ की कामना करती हूँ।

मोंटोफ्लेक्स या मोन्टेयर–रात को सोते समय

विटामिन-सी–दिन में दो बार

विटामिन बी कॉम्पलैक्स–एक बार

ज़िंक टैबलेट–एक बार दिन में

पेरासीटामोल–बुख़ार रहने पर प्रत्येक चार घंटे में

अलेग्रा–एक बार दिन में

अस्थालीन पफ–तीन बार

दूसरे दिन ही यानी एक दिसम्बर को इस मेसिज पर पढ़े होने का साइन आ गया। यानी उनका चेहरा!

पर वे ट्रीटमेंट नहीं ले पाये होंगे। या मेरे नुस्ख़े को हॉस्पिटल के डॉक्टरों ने बचकाना कहकर ख़ारिज कर दिया होगा। यह भी हो सकता है कि उनका फ़ोन किसी और के पास हो और उसने यह सन्देश देखकर अनदेखा कर दिया हो।

अन्ततः भारत ने इस महान कवि को 9 दिसम्बर को खो दिया। पूरे साहित्य जगत ने उन्हें श्रद्धांजलि दी।

आलोक धन्वा और उनके समकालीन मित्रों के दुःख का पारावार न था।

मंगलेश डबराल समकालीन हिन्दी कवियों में सबसे चर्चित नाम थे। उनके निधन के बाद साहित्य जगत में शोक की लहर दौड़ गयी। मुझे उनसे मिलने का मौक़ा तो नहीं मिला पर उन्हें जानने का मौक़ा ज़रूर मिला।

मेरी दक्षिण अफ्रीका पोस्टिंग से वे बेहद उत्साहित थे। उन्होंने बहुत-सी किताबों की मुझे पढ़ने के लिए संस्तुति की–जिनमें से मुख्य थीं–रामचन्द्र गुहा की गांधी बिफ़ोर इंडिया और फ़ातिमा मीर की 'एनअप्रेंटिसशिप ऑफ़ महात्मा।'

गौरतलब है कि इसी पर श्याम बेनेगल की प्रसिद्ध फ़िल्म 'द मेकिंग ऑफ महात्मा' बनी है। मैंने अब ये किताबें पढ़ ली हैं।

काश! वे रहते तो इन किताबों के सन्दर्भ में उनसे चर्चा कर पाती।

मंगलेश डबराल जनसत्ता के साहित्य सम्पादक भी रह चुके हैं। इसके अलावा, उन्होंने कुछ समय तक लखनऊ से प्रकाशित होने वाले अमृत प्रभात में भी नौकरी की। इस समय वे नेशनल बुक ट्रस्ट से जुड़े हुए थे। मंगलेश डबराल को साहित्य अकादमी पुरस्कार भी मिल चुका था।

अब सोचती हूँ कि वे भी आलोक धन्वा की तरह स्वस्थ हो सकते थे, अगर वे सारी दवाइयाँ समय से लेते। उनकी बुख़ार वाली पोस्ट से लगता है कि वे बहुत कष्ट झेल रहे थे। उनका बुख़ार असाधारण था। मुझे उनकी मृत्यु से झटका-सा लगा। अभी भी मैं मंगलेश सर का मेसेंजर खोल कर पढ़ती हूँ तो लगता है कि काश वे कभी ऑनलाइन दिख जायें तो उनसे पूछूँ कि क्या आपने दवाइयाँ ली थीं?

फ़ेज़-2 (पापा जी)

पूरी दुनिया में कोरोना की दूसरी लहर ने तबाही मचा दी। फ़ेज़ टू बहुत महँगा और क़ुर्बानी वाला दौर साबित हुआ। पहली तो नहीं पर दूसरी लहर ने भारत में तबाही की सुनामी बहा दी।

ख़ासकर बूढ़े-बुढ़ियों के लिए कोरोना घातक सिद्ध हुआ।

कई लोग उससे मारे गये। जो बच गये वह भी पूरी तरह रिकवर कहाँ कर पाये—वे कभी भी अपने पुराने स्वास्थ्य को वापस नहीं पा सके।

कईयों की मेमरी लॉस हो गयी। मेरे चाचा जी कहते थे कि अब वे चीजें रखकर भूल जाते हैं। वैज्ञानिकों ने तो यहाँ तक कहा है कि कोरोना के दूरगामी प्रभाव रहेंगे।

दिल की बीमारी का ख़तरा बढ़ गया है—इसी तरह साँस की बीमारी का भी।

मेरे ससुर जी का देहान्त भी कोरोना से हुआ। मेरा और उनका रिश्ता ससुर-बहू का कम बल्कि बाप-बेटी सा था।

मैंने उन्हें कोरोना से हमेशा बचकर रहने की सलाह दी थी।

हम लोग दो साल से घर नहीं जा पा रहे थे।

वे अब तक कोरोना से बचने के लिए लगातार मेरी देवरानी के यहाँ आइसोलेशन में रह रहे थे।

आख़िरकार जब मुझे मई में होम लीव मिली तो पापा जी से रहा नहीं गया।

वे मुझसे मिलने लखनऊ आये।

हमने बड़े दिनों के बाद काफ़ी वक्त साथ में गुज़ारा। पापा जी को नियम से खाना और दवाई पसन्द था।

वे सुबह दो घंटे योग करते, हनुमान चालीसा और सुन्दर काण्ड का पाठ करते फिर कुछ हल्का नाश्ता करते थे। उस समय उन्हें थोड़ी बहुत गैस और अपच की शिकायत थी।

मैंने उनके खाने का रूटीन अपने कंधों पर ले लिया।

उन्हें सुबह दही चूड़ा जो उनका फ़ेवरेट नाश्ता था–दिया करती थी–फिर दस बजे रोटी को दाल में डुबोकर।

बारह बजे फलों का जूस।

डेढ़ से दो बजे तक लंच-चावल-दाल और सब्ज़ी।

वे चाय शाय नहीं पीते थे–इसलिए शाम को छाछ या जूस दिया जाता था। छह-सात बजे तक वे हल्का डिनर वही रोटी, दाल और सब्ज़ी–ले लेते थे।

यह मेन्यू सुनने में बड़ा अच्छा लग रहा है पर पापा जी अधिक नहीं खा पाते थे। चूड़ा सिर्फ़ एक चम्मच लेते। गाढ़ी दाल को पानी डालकर पतली बना देते।

रात को अक्सर खाना खाने से मुकर जाते थे।

उनको कमज़ोरी ब्याप रही थी। वे धीरे-धीरे चलते।

एक ही चीज़ उन्हें बाँध कर रखती थी–वह थी ताश के पत्ते!

ताश देखते ही उनमें बच्चों सा उत्साह आ जाता।

वे मेरे ताश पार्टनर थे। पापा 84 साल के थे–उन्हें नींद नहीं आ पाती थी। हम लोग देर रात तक ताश खेलते देखकर वे आहिस्ता से हमारे कमरे में आ जाते थे। उन्हें ताश खेलने से हम सब मना करते और सो जाने को कहते पर वे बच्चों की तरह वहीं खड़े रहते और मुझे चाल समझाते रहते। मुझे नींद आती रहती और साथ ही पापा पर दया भी! इसलिए मैं हटकर उन्हें जगह दे देती। वे बच्चों की तरह ही ख़ुश हो जाते थे।

मई में भारत आने का एक प्रमुख कारण था मेरी कविता संकलन–‘कोरोना के दौरान’ का लॉन्च होना।

पापा और माँ जी भी इस समारोह में शामिल होने ही आये थे।

यह मेरे लिए अब एक अमूल्य याद बनकर रह गयी है।

मैं मई में वापस चली गयी पर जून में दुबारा आयी। इस बार आदि को भारत में रखने के लिए। कोरोना में सारे स्कूल बन्द थे। मेरा बेटा आदि ऑटिस्टिक है और उसे दक्षिण अफ्रीका के किसी स्कूल में एडमिशन नहीं मिल सका।

भारत के एक स्कूल से बात हुई तो उन्होंने टेस्ट लेकर एडमिशन देने की बात कही।

मैं इस मौक़े को गँवाना नहीं चाहती थी। मेरे लिए सबसे बड़ी बात होती–आदि का किसी नॉर्मल स्कूल में सामान्य बच्चों के साथ पढ़ना। इसलिए अवसर को बिना गँवाये मैं भारत आयी।

पापा जी को फ़ोन किया तो पता चला कि वे बीमार हैं। टेस्ट करने पर पता चला कि कोविड है।

"हाय, पापा इस बार मैं आपसे मिल नहीं पाऊँगी।"

मैंने वीडियो कॉल पर कहा। उन्होंने हाथ उठाकर बस मुझे आशीर्वाद दिया।

वे काफ़ी कमज़ोर लग रहे थे। कुरसी का हत्था पकड़कर चल रहे थे। मुझे अन्दर बहुत डर लगा!

उसके ठीक एक महीने बाद 29 तारीख़ को पापा जी चल बसे।

कोरोना के कारण उनका वजन काफ़ी कम हो गया था–वे मात्र चालीस किलो के हो गये थे!

कोरोना का और मैनिफ़ेस्टेशन देखिए!

उन्हें डॉक्टर ने मेटास्टैटिस डायग्नोसिस किया–यानि कैन्सर की चौथी अवस्था–जब पूरे शरीर में कैन्सर फैल कर हड्डी और बोन मैरो को भी संक्रमित कर देता है।

हम सब लाचार उनको तिल-तिल कर मरते हुए देखते रहे।

उनका ऑपरेशन नहीं किया जा सका क्योंकि वजन कम था।

उनको कीमो नहीं दिया गया क्योंकि उनको अत्यधिक कमज़ोरी थी। उन्हें केवल एंटीबायोटिक व पेन किलर दिया जा रहा था और ये सब हुआ कोरोना के कारण!

सिर्फ़ एक महीना और पापा हमें छोड़कर चले गये।

जिस कोरोना से वे इतना बचने की कोशिश करते हुए आइसोलेशन में हम सबसे दूर रहे–वही क्रूर कोरोना उनके मौत का कारण बना।

इसी तरह कितने ही बूढ़े-बुढ़ियों ने कोरोना में अपने प्राण गँवाये। सबसे अधिक बूढ़े लोग ही कोरोना के शिकार हुए।

मेरे सिक्योरिटी गार्ड की दादी जो 96 साल की थीं–कोरोना ही उनके मौत का तात्कालिक कारण बना।

इसी बात पर मेरे सिक्योरिटी गार्ड ने एक बात कही–

"मैम! कोरोना अगर आदमी या बिग बॉस होता तो देश और पब्लिक उससे अनुबन्ध या समझौता करती कि–हे कोरोना! तुम हरेक फ़ैमिली से उसके सबसे बुजुर्ग सदस्य को माँग लो और बाक़ी सब को छोड़ दो। बुजुर्ग उन्मूलन कार्यक्रम भी फ़ेज़ में चलाओ। सबसे पहले नब्बे साल से ऊपर के बुजुर्गों को सैम्पल में ले लो फिर अस्सी साल के ऊपर वालों को।

वे लोग अपनी ज़िन्दगी जी चुके हैं।

पर एक शर्त है–कि कोरोना अस्सी साल से नीचे किसी भी व्यक्ति को हाथ नहीं लगाये।"

मैंने उस समय उससे कुछ नहीं कहा पर बाद में मुझे उसका लॉजिक ठीक ही लगा।

आप लोग क्या कहते हैं?

मानव के इतिहास में यह यूनिक वायरस था, जिसने सारी दुनिया की अर्थव्यवस्था को घुटनों पर लाकर सरकारों को धूल चटा दी। दक्षिण अफ्रीका में भी दूसरी लहर का क़हर बरपा तब तक मैं कोरोना से ठीक हो चुकी थी और दुबारा कार्यक्षेत्र में डट गयी थी। जोहानसबर्ग में मेडिकल सुविधा अच्छी है। इसलिए दूसरे देशों के मरीज़ भी यहाँ रेफ़र किए जाते हैं। कितने मरीज़ों को हमने यहाँ हॉस्पिटल में एडमिट कराया–कितनों का इलाज करवाया और कितनी डेड बॉडी भारत भेजी गयी–उसका सिर्फ़ अनुमान लगाया जा सकता है। लोग हॉस्पिटल जाकर भी नहीं बच पा रहे थे। डेड बॉडी को क्रिमटॉरीयम के सामने लाइन में लगे हुए देखकर मुझे चक्कर आ गया था। तब महात्मा गांधी जी के इस महत्त्वपूर्ण योगदान के बारे में पता चला कि उन्होंने जोहानसबर्ग ही नहीं पूरी दुनिया में हिन्दुओं के लिए अलग क्रिमटॉरीयम बनवाया था। बरांस्टन में स्थित इस क्रिमटॉरीयम के अध्यक्ष जितु भाई कहते हैं कि 'लोग तीन दिन तक इन्तज़ार करते थे कि उनके प्रियजनों का अन्तिम संस्कार हो सके। हमारी कैपेसिटी सिर्फ़ चार मुर्दे जलाने की है और यहाँ हर दिन पचास मुर्दे लाये जा रहे थे।'

जाहिर है कि स्थिति बेक़ाबू हो जाती। पर भारत से बाहर रह रहे भारतीय एक दूसरे के दुःख-सुख में अधिक साथ देते हैं। उन्होंने अप्रतिम धैर्य का परिचय दिया और एक-दूसरे को सहारा भी। कितनी दफ़ा हमने भोजन सामग्री बाँटी। कम्बल बाँटे। ज़रूरी दवाइयाँ बाँटी। रहने और खाने का प्रबन्ध करवाया। सभी भारतीय संस्थाओं ने आगे बढ़कर एक-दूसरे की मदद करके मानवता की मिसाल पेश की। कई मरीज़ सियरा लियोन, बोत्स्वाना, मोज़ाम्बिक, ज़िम्बाब्वे, नामीबिया आदि से आये और ठीक होकर चले गये।

आईसीयू से वापिस...

कई बार बड़ी-बड़ी परेशानी को भी मैं हँसकर टाल देती हूँ। सुलझा लेती हूँ।

जब से मसूरी में हमने शपथ ली थी कि भारत माता की सेवा करूँगी और लोगों की समस्याओं का समाधान करूँगी–तब से मुझे हर परेशान आदमी में परेशान भारत नज़र आता है।

उसकी आपबीती सुनकर कोई अच्छा हल निकालती हूँ तो दिल को सुकून मिलता है।

अभी पिछले दिनों को ही ले लीजिए। सियरा लियोन से एक दम्पति अपना कोरोना का इलाज करवाने जोहानसबर्ग आये।

यह डायरी का हिस्सा इसलिए हैं कि मैंने महसूस किया कि किस तरह एक सकारात्मक दृष्टिकोण मुश्किल हालात को भी सुलझा देते हैं–मृत्यु की ओर उन्मुख व्यक्ति में जिजीविषा भर देते हैं।

एक फ़ोन लन्दन से आया कि वे दम्पति वहाँ अकेले हैं और पति तो बहुत सीरियस हैं। जितना हो सके उनकी मदद करो और उनकी जान बचाओ।

ओके सर, मैंने सहमति दे दी।

कोरोना का दूसरा दौर चल रहा था–जो पहले दौर से अधिक घातक, मारक और संहारक था।

जोहानसबर्ग की लोकेशन ऐसी है कि हरेक पड़ोसी देश से बड़े-बड़े लोग यहाँ अपना इलाज करवाने आते हैं। कई देशों में स्थित बहुराष्ट्रीय कम्पनियों तथा यूएन की संस्थाओं ने जोहानसबर्ग को अपना रेफेरल हॉस्पिटल घोषित किया हुआ है।

ऐसे में कोरोना काल में सीरियस मरीज़ों की लाइन लग गयी।

मैंने और मेरे ऑफ़िस वालों ने उनकी हर सम्भव मदद की।

अभी मैं जया सिंह और उनके पति नमित सिंह की बात कर रही थी।

लन्दन से उनके लिए एक उच्च अधिकारी का सिफारिश फ़ोन आया। हालाँकि इसकी कोई आवश्यकता नहीं थी।

मैं और मेरा कॉन्सलेट हर किसी की बिना किसी भेदभाव के मदद कर रहा था। पर शायद फ़ोन करने वाले और करवाने वाले सेवा और मदद में कोई भी कसर नहीं छोड़ना चाहते थे।

इसलिए अपने अज़ीज़ दोस्तों से लेकर साधारण जान-पहचान वालों के लिए भी फ़ोन करते हैं। इसे वे अपना परम कर्तव्य मानते हैं–और ऐसा करके वे अपने कर्तव्य से मुक्त भी हो जाते हैं।

जिस आईएएस अधिकारी ने उनकी संस्तुति की थी वे मेरे बहुत ही सम्मानित सीनियर हैं और मुझे बहुत प्यार करते हैं।

जया दी के बारे में उन्होंने बताया था कि वे यूएन एड में काम करती हैं और ब्रिटेन से सियरा लियोन कुपोषित बच्चों पर काम करने गयी हैं। वह आईएएस अधिकारी उन्हें जया दी कहकर सम्बोधित कर रहे थे तो मैंने भी यही कहना उचित समझा।

फ़ोन आने के बाद मैंने जया दी को फ़ोन किया।

वे फ़ोन पर ही रोने लगीं। उनको और उनके पति नमित जी को एयर ऐम्बुलेंस से भेजा गया था। जया दी ने कई इंडेम्निटी फार्म पर दस्तख़त किये थे–जिसमें एक था कि उनकी और उनके पति की मृत्यु में कौन उनकी बॉडी को क्लेम करेगा और अन्तिम संस्कार कौन करेगा।

यह सब सोचना बहुत दुःखदाई और लिखना भी बहुत ही भयानक था।

उन्होंने मुझे फ़ोन किया और कहा कि वे आईसीयू में हैं सो मैं आकर फार्म भरूँ।

यह मेरा काम नहीं है और न ही ऐसा फार्म भरना मेरे अधिकार क्षेत्र में है।

पर मैंने फिर भी उनके लिए यह फार्म भरा।

औपचारिकतावश मैंने उन्हें पूछा कि कुछ चाहिए तो नहीं?

'मुझे एक थ्रीपिन प्लग, आई फ़ोन चार्जर, नेल कटर और थोड़ा-सा नारियल तेल चाहिए अगर सम्भव हो तो!'

'अवश्य दीदी।'

फिर शाम को खाना बनाते मुझे लगा कि कितने दिनों से जया दी और उनके पति ने घर का खाना नहीं खाया होगा। मैं पूछ लेती हूँ—अगर कुछ चाहिए तो उन्हें ड्राइवर से भिजवा दूँगी।

पामेला और ड्राइवर स्टीव, दोनों बेमन से मेरा हुक्म बजाते।

वे शायद मेरी बेवक्त की फ़रमाइशों से तंग आ गये थे।

मैंने जब जया दी से पूछा कि उन्हें क्या चाहिए—उनके पास एक लम्बी लिस्ट तैयार थी।

'बासमती चावल की खिचड़ी, आलू-गोभी की सब्ज़ी और आलू की सूखी भुजिया झारखंड स्टाइल में।'

'झारखंड स्टाइल में? क्या आप लोग बिहारी हैं?'

'मेरे पति घोर झारखंडी हैं। वे बहुत बीमार हैं—उन्होंने भुजिया-रोटी खाने की ज़िद की है। वैसे भी कोविड से इनके मुँह का टेस्ट ख़राब हो गया है।'

अभी-अभी मैं उनका इंडेम्निटी फार्म भर कर आ रही थी। पता नहीं क्यों लगा कि शायद वे नहीं बचेंगे। अगर यह एक मृत्युमुखी की आकांक्षा है तो ज़रूर पूरी की जानी चाहिए।

मैंने पामेला को जल्दी से तिकोने पराँठे, आलू गोभी की सब्ज़ी और आलू को जीरा और सूखी मिर्ची से छौंककर भुजिया बनाने को कहा।

मैंने दो दिन पहले सूजी का हलवा बनाया था, वह भी एक प्लास्टिक के बॉक्स में रखवा दिया।

मैं इन सबको पैक करके बाहर निकल रही थी कि मेरी सहेली अल्पना आ गयीं। उनके हाथ में नवरात्रि में अन्नकूट का प्रसाद था।

मुझे पता नहीं क्या सूझा—वे फूल और प्रसाद भी मैंने साथ रखवा दिये।

रात में ही भावुकता भरा उनका व्हाट्सऐप मेसिज आया कि नमित ने आईसीयू में ऑक्सीजन मास्क हटाकर प्रसाद खाया और भावुक हो गये। उन्होंने कहा कि माँ दुर्गा ने उन्हें यह संकेत दिया है कि उन्हें कुछ नहीं होगा—वे ठीक हो जायेंगे। वे बेहद सकारात्मक महसूस कर रहे हैं।

मुझे भी बहुत अच्छा लगा। सच्चाई यह थी कि मैं लोगों की डेड बॉडी परिवार वालों को भिजवाते-भिजवाते परेशान थी। तब मुझे लगता कि काश कोई ऐसा केस आये जो क्रिटिकल होने पर भी बच जाये और मैं उसे हवाई जहाज़ से भारत या अन्य गन्तव्य तक भेजूँ।

मैंने भी जया दी का उत्साह बढ़ाने के लिए फ़ोन किया और उन दोनों के शीघ्र स्वस्थ होने की कामना की।

फिर दो दिन बाद ही उन्होंने मुझे बताया कि आज उनका जन्मदिन है।

'अरे! आप जल्दी से ठीक हो जायें तो मेरे घर पर सेलिब्रेट करते हैं।'

'अंजु, तुमने जो हलवा और प्रसाद की मिठाई भेजी है, वह मैं खा रही हूँ–डायबिटीज़ के बावजूद–फिर अगला जन्मदिन मैं देख पाऊँ या नहीं–इसी को एंजोय कर लेती हूँ।'

'दीदी, ऐसा क्यों कह रही हैं आप? आप जल्दी ही ठीक हो जायेंगी। भरोसा रखिए।'

पर मेरा ऐसा कहना कितना खोखला आश्वासन था यह उन्हें भी पता था और मुझे भी।

सियरा लियोन से यहाँ आने के पाँच दिन बाद भी उनकी हालत में सुधार नहीं हो रहा था। उनके पति की हालत तो और भी ख़राब थी। स्ट्रोंग स्टेरायड डोज़ के बावजूद उनका ऑक्सीजन लेवल बढ़ नहीं रहा था।

पर चमत्कार होते हैं। यह मैंने उन्हीं के केस में देखा। दक्षिण अफ़्रीका की चिकित्सा सुविधाओं ने और जया दी के परिवार की दुआओं ने चमत्कार कर दिखाया।

वे दोनों ठीक होने लगे। जया दी पहले और धीरे-धीरे उनके पति नमित जी भी। ऑक्सीजन लेवल ठीक हुआ और उनकी सूँघने और स्वाद की क्षमता वापस लौटी।

मैंने अपने घर उन्हें खाने पर आमन्त्रित किया।

मेरे घर पर बहुत सारे राज़ खुले।

पहला तो यह कि जया दीदी उक्त आईएएस अधिकारी की सम्बन्धी नहीं हैं और न ही वे लोग एक शहर से हैं। वे किसी सरकारी नौकरी में भी नहीं हैं और एक एनजीओ की तरफ़ से सियरा लियोन में पोस्टेड हैं। नमित जी उनके पति कोई ओर्गानिक फार्म चलाते हैं–सुदूर बाँदा और खजुराहो के बॉर्डर पर!

मैं और कितनी छली जाऊँगी।

मैं क्यों हर भारतीय व्यक्ति के लिए इतना इमोशनल हो जाती हूँ। वह आईएएस ऑफ़िसर तो एक बार फ़ोन करके चलता बना और मैं उनकी तथाकथित दीदी को घर और हॉस्पिटल में ढो रही हूँ।

वे लोग फ़रमाइश करते जा रहे थे और पामेला उन्हें बनाती जा रही थी। पहले अरबी-पत्ता का पकौड़ा, फिर ढुस्का बड़ा! और खाने में मटन करी। खाने के बाद मेरे हलवे की बेहद तारीफ़ की गयी।

और उस तारीफ़ से गलकर मैंने उन्हें एक डिब्बे में हलवा पैक कर पकड़ा दिया। वे मुझसे बहुत-सी जानकरियाँ चाह रही थीं–जैसे वुलन कपड़े की शॉप कहाँ है? यहाँ से फ़र्नीचर बिना टैक्स दिये कैसे जा सकते हैं। हम दोनों फ्रांस घूमना चाहते हैं–क्या उसकी सीजी तुम्हारी दोस्त है तो तुम क्या हमारे लिए वीजा की रेकमेंडशन कर दोगी?

किया सब किया!

मैं ऐसी ही हूँ।

पहले मैं महान बनने की सोचती हूँ। महती कार्य के लिए बीड़े उठाती हूँ पर फिर छली जाने पर ऐसे ही बुझे मन से कामों को बोझ-सा ढोती हूँ।

मुझे अन्दर से यह बुरा लग रहा था कि उस आईएएस ऑफ़िसर से मैंने ठीक से क्यों नहीं पता कर लिया कि यह उनकी सगी बहन हैं या नहीं!

मैंने यह क्यों नहीं पूछा कि उनके लिए हॉस्पिटल का खर्च कौन देगा?

दक्षिण अफ्रीका में सिक्योरिटी सिचुएशन बहुत ख़राब है–इसी कारण मैंने अपनी अफ़िशयल एजेन्सी से उनके लिए गाड़ियों की व्यवस्था की। अब उनका भुगतान कैसे होगा?

और भी बहुत से प्रश्न कुलबुला रहे थे, जो मैं नहीं पूछ पायी।

चार दिन मैंने हॉस्पिटल में खाना पहुँचाया। दो दिन घर पर खिलाया और बाँधकर कई चीज़ें पकड़ा दी।

पर जाते-जाते वे मेरे ऑफ़िस से मँगाये हुए चार्जर, थ्री पिन प्लग और वॉटर बॉटल वापस करना भूल गये।

नमित जी तो अपनी बड़ाई करते नहीं थकते थे।

वे भारत में घट रही महत्त्वपूर्ण राजनीतिक घटनाओं का स्वमेव श्रेय ले लेते थे।

जैसे कि नब्बे में नेपाल से ख़राब हुए भारत के रिश्ते को सुधारने में उनकी महत्त्वपूर्ण भूमिका थी। उन्होंने राजीव गांधी जी को नेपाल से अपने रिश्ते न बिगाड़ने की सलाह दी थी।

फेंकने की भी सीमा होती है। पर जब बढ़िया सिंगल मॉल्ट तलिसकर की व्हिस्की हो और साथ में मटन चॉप चखना तो कोई भी अपने आपको महाराजा और किंग मेकर समझ सकता है!

नमित जी भी इसके अपवाद नहीं थे।

उनसे दो बार मिलकर ही ऐसा लगा कि यह आदमी अपने आपको जितना प्रोजेक्ट कर सकता है, काश देश-हित को प्रोजेक्ट करता तो कितना अच्छा होता!

पर उनका 'मैंकार' कभी बन्द नहीं हुआ।

बाद में भी उन्होंने मुझे ईमेल किया कि मैं उनका फ्रांस का वीज़ा फ्रेंच काउंसल जनरल जो मेरी सहेली है–उससे बनवा दूँ। मैं ऐसा कर नहीं सकती क्योंकि फ्रांस समेत सभी यूरोपीय देशों ने अपने यहाँ के इमिग्रेशन व प्रवेश क़ानून बहुत सख़्त बना रखे थे और वे अभी फ्रांस नहीं जा सकते थे। आख़िरकार वे भारत चले गये।

साथी हाथ बढ़ाना...

कितना भी कोविड का प्रकोप हो ऑफ़िस में काम तो चलता ही रहता है। इसी बीच कितने लोग आये। कितने वापस भारत गये। यहाँ हवाई जहाज़ की सुविधाएँ भी बन्द थीं। तब लोगों को बड़ी परेशानी हुई। पूरे दक्षिण पूर्व अफ्रीका के देशों के लिए जोहानसबर्ग सबसे बड़ा ट्रैंज़िट पॉइन्ट है। यहाँ से होकर ही पड़ोस के देशों तक लोग आ जा सकते हैं। इसलिए जब दक्षिण अफ्रीका में हवाई सुविधाएँ बन्द हुईं तो कई पड़ोसी देशों को बड़ी असुविधा हुई।

नामीबिया के हमारे हाई कमिशनर होम लीव पर भारत गये थे कि भारत और दक्षिण अफ्रीका में लॉकडाउन लग गया। वे भारत में फँस गये।

तब भारत से कुछ नामीबियन छात्र वापस अपने देश आ रहे थे। उन्ही के साथ स्पेशल फ़्लाइट में हमारे हाई कमिशनर प्रशान्त सर भी जोहानसबर्ग आये। यहाँ से नामीबिया जाना था। हवाई सेवाएँ बन्द थीं।

मैंने अपने ऑफ़िस की गाड़ी और ड्राइवर को उनके लिए तैयार करवाया।

वे कई देशों को पार करके यहाँ के आर्मी हवाई बेस पर उतारे गये थे। समय था आधी रात का। बड़ी मुश्किल से हमें पास मिला था कि मैं एयरपोर्ट जा सकूँ। पहले से ही हम लोग तैयार थे कि हमें घंटे-दो घंटे बेस के बाहर इन्तज़ार करना पड़ सकता है। ठंड के दिन थे। इतनी लम्बी यात्रा के बाद ज़ाहिर है–प्रशान्त सर थक गये होंगे उन्हें भूख भी लग गयी होगी। सर वेजेटेरीयन हैं और मैं स्वयं खाना बनवा कर उनके लिए ले गयी और उन्हें अपनी गाड़ी में बिठलाकर उन्हें होटल पहुँचाया। होटल मिलने की भी लम्बी कहानी है। ट्रैंज़िट में हवाई अड्डे के सारे होटल भी बन्द थे और उन्हीं को मिलते थे जो कोविड पॉज़िटिव थे।

यहाँ के विदेश मन्त्रालय से विशेष अनुज्ञा ली गयी तब जाकर सिर्फ़ छह घंटे के लिए उन्हें होटल मिल सका।

प्रशान्त सर सचमुच प्रशान्त हैं। वे चुपचाप सादगी से सब कुछ झेल गये।

सुबह-सुबह उन्होंने नामीबिया के लिए लम्बी और थकान भरी यात्रा प्रारम्भ की।

रास्ते से मुझे खाने और बाक़ी अरेंज्मेंट के लिए धन्यवाद दिया जिसकी कोई ज़रूरत नहीं थी।

X X X

ऐसे ही एक सीनियर भारतीय अधिकारी जो मोज़ाम्बिक में यूएन में पोस्टेड थे– कोरोना के इलाज के लिए हवाई ऐम्बुलेंस से जोहानसबर्ग लाये गये। पर रास्ते में ही उनका देहान्त हो गया। अब उनकी बॉडी को भारत भिजवाना एक बड़ी ज़िम्मेदारी थी।

वे केरल से थे। हमेशा मैंने देखा है कि ऐसे केस में राजनीतिक लोग चिट्ठी भेजकर और फ़ोन करके दूतावासों पर दबाव बनाने लगते हैं।

यहाँ से मृतक के शरीर को भेजने के लिए लम्बी और क्लिष्ट प्रक्रिया थी। बॉडी को एम्बॉम (लेप लगवाना) करना पड़ता। स्थानीय सरकार बड़ी मुश्किल से बॉडी ले जाने के लिए सहमति देती। उसके बाद किसी प्राइवेट फ़्यूनरल डिरेक्टर से बॉडी को भेजने के दाम का कोटेशन लेना पड़ता। इन सब में बहुत समय और पैसा लगता है। कोविड में क़रीब महीना भर तो लग ही जाता था। पर वहाँ भारत में परिजन परेशान हो जाते और अक्सर हमारी शिकायत विदेश मन्त्री से कर देते। आजकल ट्विटर व अन्य सोशल मीडिया पर कुछ भी लिख देना तो आम बात है। इन्हीं कारणों से मुझे ट्विटर से ख़ासा चिढ़ है और मेरा अकाउंट रहते हुए भी मैं ट्विटर सिर्फ़ ऑफ़िस काम और अफ़िशल अकाउंट से ही इसका इस्तेमाल करती हूँ।

विदेश मन्त्रालय इन शिकायतों पर तुरन्त कार्यवाही करता है।

हमें कई बार बॉडी भेजने के लिए त्वरित कार्यवाही करनी पड़ी, पर प्रशंसा की जगह ग़ालियाँ खानी पड़ी।

इधर मेरे ऑफ़िस में लगातार ट्रांसफ़र होते रहे। कई ऑफ़िसर भारत से आये और कई वापस गये। कोविड के चलते इनका ऑफ़िस आना-जाना कम ही होता था।

हमने नियम बनाया कि पचास प्रतिशत लोग एक सप्ताह आयेंगे और पचास प्रतिशत दूसरे सप्ताह।

पर मैं तो काउंसल जनरल थी सो मुझे रोज़ जाना पड़ता था। मैं हैड ऑफ़ द ऑफ़िस जो ठहरी। विदेश मन्त्रालय की भाषा में इसे सीजी यानी काउंसल जनरल कहते हैं।

X X X

कोरोना में हमारे एक असिस्टेंट का बच्चा हुआ। इतनी परेशानी हुई सब कुछ सम्भालने में कि पूछिए मत।

उसने अपने माँ-पिताजी को भारत से बुलवा लिया था। फिर उन्हें भेजने में परेशानी हुई। सभी हस्पतालों में कोरोना के मरीज़ भरे हुए थे। बेचारे बच्चे की डिलीवरी से लेकर उसके सामान्य रूटीन चेक अप्स और टीकाकरण सबमें समस्या आयी। मैंने तो उस बच्चे को दो साल बाद हॉस्पिटल में ही देखा। मेरे असिस्टेंट के चेहरे पर भय की छाया थी कि मैडम के लेने या थोड़ी देर ठहरने से बच्चे को कोई संक्रमण ना हो जाये।

यह डर सभी में व्याप्त हो चुका था। सैनिटाइजर का इस्तेमाल करके सबके हाथ रुखे हो चुके थे। साथ ही सबका दिल भी एक-दूसरे से फिर गया था।

इसी तरह दो बार अन्तर्राष्ट्रीय योग दिवस भी कोरोना के साये में मनाया गया।

वैसे भी दक्षिण अफ्रीका दक्षिणी गोलार्द्ध में पड़ता है, जहाँ जून महीने में कड़ाके की सर्दी पड़ती है। मौसम का हिसाब-किताब यहाँ भारत से एकदम उल्टा है। अगर भारत में सर्दी है तो यहाँ गर्मी होगी। इसी तरह भारत में अगर गर्मी के दिन हैं तो यहाँ सर्दियों का मौसम होगा। जून महीने में इक्कीस तारीख़ इसलिए इंटरनेशनल योग दिवस चुना गया है क्योंकि इक्कीस जून उत्तरी गोलार्द्ध में वर्ष का सबसे लम्बा दिन है। पर वही लम्बा दिन दक्षिणी गोलार्द्ध यानी द अफ्रीका में सबसे छोटा और ठंडा दिन।

मैं कई बार मज़ाक़ में यहाँ की स्थानीय सरकारी कर्मचारियों को कह भी चुकी हूँ कि जब यूएन में इक्कीस जून को ये प्रस्ताव पास हो रहा था तो द अफ्रीका ने ये बात दूसरे देशों को क्यों नहीं बतायी!

ख़ैर, योग दिवस का ग्रैंड फ़िनाले मर्लबोरो मैदान में आयोजित किया गया था। कई भारतीय रेस्टोरेंट और योग कम्पनियों ने स्टॉल भी लगाया था जिसमें योग की पद्धतियाँ और भारतीय व्यंजन परोसे जाने थे।

इस कार्यक्रम को आयोजित करने के लिए द अफ्रीका स्थित भारतीय कारपोरेट्स ने दान दिया था जिनके स्पॉन्सरशिप से हमने बढ़िया क्वालिटी के टी शर्ट व स्नैक्स का प्रबन्ध किया था। कोरोना प्रोटोकॉल का पालन करते हुए क़रीब पाँच सौ लोग मैदान में इकट्ठा हुए थे।

तभी एक नया जोड़ा मुझसे मिलने आया। आदमी की उम्र क़रीब तीस साल और औरत की थोड़ी कम होगी–ये थे मिस्टर एवं मिसेज़ श्रवना–ये लोग सीआरआई पम्प के नये अधिकारी थे।

मिस्टर श्रवना सीईओ थे।

मुझे याद आया कि इनका वीज़ा भारत में लम्बे समय के लिए फँस गया फिर हवाई जहाज़ की सुविधाएँ भी बन्द हो गयीं। इसलिए उनका आना साल भर के लिए टल गया था। अब जाकर पिछले महीने उन्हें वीज़ा मिला तो यह दम्पति यहाँ आ सका था।

वे मुझे धन्यवाद दे रहे थे कि मेरे सहयोग से आख़िरकार उन्हें वीज़ा मिला।

हम स्वागत के लिए गेट पर ही खड़े थे।

हर आने-वाले प्रतिभागी को मैं अपने हाथों से टी शर्ट दे रही थी।

श्रवना जी ने बताया कि उनकी पत्नी भी योग सिखाती हैं।

"अरे वाह! यह तो बहुत अच्छी बात है। मैं आगे के कार्यक्रम के लिए उन्हें ज़रूर शामिल करूँगी।"

इससे उनकी पत्नी बहुत उत्साहित हो गयी। मुझे याद है कि वे नीली काँजीपुरम साड़ी पहन कर और काफ़ी सज सँवरकर आयी थीं। हम सब लोग योग के लिए तैयार थे–

जब उन्होंने योग करने का अनाउन्समेंट सुना तो झट से गाड़ी चलाकर वापस गयीं और योग के कपड़े पहनकर दस मिनट में आ गयीं।

दोनों ने बहुत मन से योग किया और हमारे साथ ही घास पर बैठकर नाश्ता किया।

इसके ठीक सप्ताह भर बाद मैंने सुना कि मिस्टर श्रवना कोरोना से ग्रसित होकर हॉस्पिटल में एडमिट हो गये हैं और वे आईसीयू वार्ड में हैं।

मैंने और शालिनी ने उन्हें "गेट वेल सून" मेसिज भेजा और उनकी पत्नी से बात भी की।

पर बस दो दिन बाद ही उनकी मौत की दुखद खबर आयी। मिसेज़ श्रवना भी बहुत बीमार थीं–शायद उन्हें भी कोरोना था।

आख़िरकार उनका इकलौता बेटा जो यूएसए में पढ़ता था–क़रीब महीने भर बाद द अफ़्रीका आया और तब उनका अन्तिम संस्कार किया जा सका। कोविड के चलते काफ़ी कम लोग शामिल हो पाये। मुझे दुःख और अफ़सोस तो बहुत था पर कोरोना प्रोटोकॉल की वजह से मैं भी नहीं जा सकी। सिर्फ़ पाँच व्यक्ति जा सकते थे इसलिए कई लोग नहीं जा पाते थे।

कहाँ तो श्रवना जी तीन साल के लिए द अफ़्रीका में पोस्ट हुए थे और विडम्बना देखिए कि उनकी असमय मृत्यु के बाद श्रवना परिवार दो महीने में ही भारत लौट गया। मुझे बहुत दुःख हुआ–पर ऐसी ही कितनी हृदय विदारक कहानियाँ उन दिनों घटी उन सबका वर्णन करना अभी भी मेरे लिए कठिन है।

मल्लिक जी

उस दिन सुबह-सुबह डरी और घबराई हुई मेरी योगा टीचर माया का फ़ोन आया।

'मैडम! मैडम! मल्लिक जी नहीं रहे।'

'क्या! तुमको कैसे पता? क्या हुआ था?'

'कोरोना मैडम। उन्हें साँस लेने में तकलीफ़ हो रही थी इसलिए हॉस्पिटल में एडमिट हो गये थे। दस दिन से वहीं थे। फिर नहीं बच पाये।'

'ओह बेहद दुखद!' मेरी आँखों में आँसुओं की जगह जलन थी।

तो रोज़ ऐसी खबरें–मानो पूरी दुनिया में मौत का ताण्डव हो रहा है; काल का नग्न नर्तन!

संजय मल्लिक जी हमारे यहाँ संगीत के शिक्षक थे। जोहानसबर्ग में भारतीय सांस्कृतिक परिषद की तरफ़ से उन्हें तीन साल के लिए जोहानसबर्ग में ध्रुपद गायकी सिखाने के लिए भेजा गया था। उनके पिताजी–श्री पण्डित अभय मल्लिक ध्रुपद गायकी में जाना माना नाम है। ये लोग गायकी के दरभंगा घराने से आते हैं।

मल्लिक जी यहाँ पर तीन साल से कुछ अधिक दिन रहे। वे और भी अधिक यहाँ रहना चाहते थे पर उन्हें भारत सरकार ने मंज़ूर नहीं किया–उनका वीज़ा भी ख़त्म होने वाला था इसलिए वे दिसम्बर के अन्त तक भारत चले गये।

मल्लिक जी कभी तो बहुत भोले लगते थे तो कभी बेहद काइयाँ।

वे खाने के बेहद शौक़ीन थे। ख़ासकर बिहार के व्यंजन उन्हें बहुत पसन्द थे। मुझसे अक्सर कहते–'मैम, अपने हाथ से सत्तू भरकर रोटी खिला दीजिए न।'

मैंने अपने घर पर बुलाकर कई बार उन्हें खाना खिलाया।

खाते वक्त वे छह सात पराँठे खा जाते।

मैंने मल्लिक जी को नहीं बताया कि वे मेरे बाबूजी जैसे दिखते थे इसलिए उन्हें मैं बहुत मानती थी।

पर वे खिजा देते थे। जब उन्हें नागा करने का मन होता तो अपनी क्लास होते हुए भी ऑफ़िस गोल कर जाते।

मल्लिक जी बड़े अफ़ेक्शनेट थे। वे सभी बच्चों को बेहद प्यार करते थे। बच्चों को म्यूज़िक सीखने के लिए प्रेरित करते। मेरी छोटी बेटी मोना को उन्होंने कई म्यूज़िक लेसन दिये थे।

शायद वे नर्वस हो जाते थे और सही गाने का भी ग़लत उच्चारण कर बैठते। गणतन्त्र दिवस और पन्द्रह अगस्त पर वे 'गन जन मन' गाते जिससे चिढ़कर मैंने उन्हें बहुत डाँटा भी था। अब मुझे बहुत अफ़सोस होता है कि मैंने नाहक ही इतना ग़ुस्सा किया।

काश! मैं सिर्फ़ उन्हें सराहती। क्यों मैंने उन पर ग़ुस्सा किया।

मल्लिक जी गुड मोर्निंग सन्देश भेजा करते थे और बड़ी-बड़ी अपनी म्यूज़िक की वीडियो रिकॉर्डिंग भी। हम सब बेहद नाराज़ होते। पर मल्लिक जी तो मल्लिक जी थे–उन्हें सबको चिढ़ाने में ही मज़ा आता था।

हारकर मैंने चुपके से उन्हें ब्लॉक कर दिया। तब उन्होंने दूसरे फ़ोन से मेसिज करना शुरू किया। मैंने उसको भी ब्लॉक कर दिया।

मल्लिक जी को जोहानसबर्ग से गये सिर्फ़ कुछेक महीने ही हुए थे कि उनकी अप्रत्याशित मृत्यु की खबर आयी। कोरोना की दूसरी लहर ने उनको भी लील लिया।

मल्लिक जी आम इन्सान थे और हरेक इन्सान की तरह उनमें भी कुछ अच्छाइयाँ और कुछ बुराइयाँ थीं। एक बात जो मुझे बुरी लगती थी, वह यह कि वे अपने आपको बहुत प्रमोट करते थे। वे अक्सर यह दिखाने की कोशिश करते थे कि वे अति महत्त्वपूर्ण हैं और प्रेसिडेंट व ऐम्बेसडर से नीचे किसी से बात नहीं करते थे।

हाई कमिशनर महोदय उनसे संगीत के बारे में या किसी प्रोग्राम के बारे में जानकारी लेना चाहते तो मल्लिक जी फ़ोन स्पीकर पर डाल देते और मुझे यह जताते कि देखा मेरा रौब और रुतबा! राजदूत महोदय मुझसे सीधे बात करते हैं।

वह अक्सर सरकारी गाड़ी भी माँग लेते कि राजदूत महोदय ने बुलाया है। एकाध बार मैंने मना किया तो मुझे परोक्ष रूप से धमकी दी कि वे इसकी शिकायत राजदूत महोदय से करेंगे।

जोहानसबर्ग और प्रेटोरिया को ट्विन सिटी भी कहा जाता है—क्योंकि दोनों के बीच की दूरी बस पैंतालीस किमी है।

इसलिए, प्रेटोरिया और जोहानसबर्ग में रहने वाले लोग आपस में मिलते-जुलते रहते हैं।

दूतावास या हाई कमिशन प्रेटोरिया में है और कॉन्सुलेट जोहानसबर्ग में।

हाई कमिशनर महोदय बहुत बढ़िया इन्सान हैं।

वे हर किसी को काम करने का भरपूर मौक़ा देते हैं।

मल्लिक जी को भी दिया।

मैं मल्लिक जी से चिढ़ी थी। उसी समय स्पीकर पर फ़ोन डालकर बात करने वाली घटनाएँ हो गयीं और मैंने हाई कमिशनर सर को सूचित करना उचित समझा, 'सर! क्या आपको पता है कि मल्लिक जी आपके नाम पर हम लोगों को धमकाते हैं?'

'नहीं! तुम मेरे नाम पर उसे कोई अतिरिक्त सुविधा मत देना।'

तब मैंने उनको ख़ूब खरी-खोटी सुनाई थी, पर वे अपनी आदत से कभी बाज नहीं आये।

वे मोटापा सहित कई रोगों से ग्रसित थे पर खाने-पीने के बड़े शौक़ीन!

कई बार उन्होंने जब बिहारी लिट्टी चोखा खाने की इच्छा जाहिर की तो मैंने उन्हें अपने हाथों से पकाकर सत्तू पराँठा और बैंगन का चोखा सहित कई चीज़ें खिलायी।

मल्लिक जी बहुत ख़ुश हुए और अपने मिथिला के एक बोरी सुगन्धित चावल मुझे पकड़ा गये।

इस बार भी मैंने छठ उसी चावल के प्रसाद से मनाया। मल्लिक जी को बहुत याद किया।

मल्लिक जी मेरी पहली छठ में आगे बढ़-चढ़कर भाग ले रहे थे।

शाम में रसिया प्रसाद के लिए आये थे और माँगकर भर पेट प्रसाद खाया था।

हाय, ऐसे ज़िन्दादिल इन्सान मल्लिक जी कैसे हमें छोड़कर चले गये!

अक्सर मेरा हृदय हाहाकार कर उठता।

मैंने मल्लिक जी की एक फ़ोटो जिसमें हम दोनों सितार सीख रहे हैं–उनकी बेटी को पोस्ट किया।

पर बेटी शायद तब तक सरकार के सुस्त रवैये से परेशान हो गयी थी। या उसने ये समझा कि मल्लिक जी की बची हुई सैलरी मैं नहीं दे रही। कारण कोई भी हो मुझे दुःख हुआ कि उसने मुझे ब्लॉक कर दिया।

मैं सोच ही रही थी कि मैं उसका एडमिशन किसी विश्वविद्यालय में करवा दूँगी और इसका ख़र्च मैं वहन कर लूँगी–पर अब मैं थोड़ा इन्तज़ार करूँगी कि उसका ग़ुस्सा ठंडा हो और वह ज़िन्दगी के प्रति सकारात्मक रवैया अपनाये। भगवान मल्लिक जी की आत्मा को शान्ति दें।

ब्लैक फ़ंगस

हाई स्कूल में बद्री सर हमें साइंस और कभी-कभी मैथ पढ़ाया करते। वे शर्माकर मुस्कुराते और ब्लैकबोर्ड पर लिखने से पहले कहते "ध्यान देने की बात है कि..."

पर हम कुछ ध्यान न देते। पर वे इतना मन लगाकर पढ़ाते मानो बस पढ़ाना ही उनका उद्देश्य है—कोई पढ़ रहा है या नहीं—यह देखना नहीं। कक्षा में अधिकांश लड़कियाँ शादी-शुदा थीं। उनका स्कूल आने का मक़सद अपने पतियों को चिट्ठी लिखना और उत्तर को सभी लड़कियों को चुपके से पढ़ाना था। वे फुसफुसा कर अपने वैवाहिक जीवन और सुहाग-रात के क़िस्से सुनातीं। हमें उससे दूर रखतीं क्योंकि हम दो-चार लड़कियाँ अभी उनके हिसाब से छोटी थीं और उनके इशारों और द्विअर्थी बातों को सुनकर बज्र मूर्ख की तरह उन्हें ताका करतीं।

बद्री सर की पारखी नज़र मुझ पर तब पड़ी जब छमाही परीक्षा में मेरे साइंस में सर्वाधिक नम्बर आये और मैं पूर्व टॉपर तराना सिंह के लिए चुनौती बन गयी। तराना का गैंग मुझे प्रताड़ित करने के मौक़े ढूँढ़ता रहता। पर मेरा ग्रुप पढ़ाकू था, और सब को परीक्षा में नक़ल करने के लिए हमारी ज़रूरत पड़ती ही थी, सो अक्सर सुलह हो जाती। नवीं कक्षा में मैं प्रथम आयी। मैं अपने स्कूल की सबसे तेज़ छात्रा मानी जाती थी। और यह सम्भव हुआ बद्री सर की पर्सनल कोचिंग की वजह से। गणित के वे क्षेत्र जो मुझे डराते थे अब मुझे लुभाने लगे। ऐकिक नियम, प्रतिशतता, बायनोमीयल इक्वेज़न, प्रमेय, त्रिकोणमिति, लॉगरिथम, ग्राफ़ सबकी उन्होंने जमकर प्रैक्टिस करवाई। साइंस में फ़िज़िक्स, केमिस्ट्री और बायआलॉजी में जो मुझे समझ में नहीं आता था मैं रट लिया करती थी। मेरी याद्दाश्त बहुत अच्छी थी।

सर बहुत शान्त और साधु स्वभाव के हैं। हमें कभी न डाँटते।

हमें आज तक पता नहीं लगा कि वे कभी नाराज़ भी होते हैं? भाषण देना उन्हें कभी नहीं भाता था। जब 89 बैच का फ़ेयरवेल चल रहा था तो उनको दो शब्द बोलने के लिए कहा गया–उन्होंने अपनी स्पेशल, ख़ास इन्ही मौक़ों के लिए सुरक्षित मुस्कान के साथ दो शब्द कहे, 'विदाई समारोह में मेरा हृदय विदीर्ण है। मैं कुछ भी कहने में असमर्थ हूँ'!

मैं बोर्ड परीक्षा देने जा रही थी। मेरा रोल नम्बर 13 था, जिसे हम सब अशुभ मानते थे। सर ने कहा, तेरह नम्बर मेरे लिए शुभ है, तुम्हारे लिए भी शुभ होगा! मेरा डर भाग गया।

बद्री सर को हम सब भगवान मानते थे। उनको पता था कि मैं बहुत मासूम और मूर्ख हूँ। नीतू मेरी सहेली थी वह बी.डी.ओ. की बेटी थी। उसके पिताजी ने मेरी बग़ल में उसकी सीट करवायी थी। यह बात बद्री सर को शायद अच्छी न लगी थी, और उनको इससे मुझे डिस्टर्ब हो जाने या फँस जाने की आशंका लगी होगी, सो उन्होंने मुझे मुस्कुराते हुए आगाह किया था, 'तुम उससे थोड़ा सावधान रहना, अपना लिखा हुआ सारा मत नक़ल मारने देना, और डिस्टर्ब न करने देना।'

मैंने उनसे मासूम-सा सवाल पूछा था, "सर अगर नीतू बिना डिस्टर्ब किये नक़ल कर ले तो मुझे क्या करना चाहिए?"

बद्री सर निशब्द मुस्कुराते रहे थे! मैं दावे के साथ कह सकती हूँ कि मैं उनकी सर्वप्रिय छात्रा थी।

चाची (उनकी पत्नी) बहुत अच्छी थीं। अक्सर हमें पराँठे और आलू-मटर की सब्ज़ी खिलातीं, वे मुझे कृष्ण-सुदामा के संदीपनी ऋषि की पत्नी और गुरु माँ की याद दिलातीं। जब मेरा रिश्ता शादी तक पहुँचते-पहुँचते कट गया था तो चाची ने ईटखोरी के एक जान-पहचान वाले का एक रिश्ता भी मेरी माँ को सुझाया था, पर सम्भव नहीं हो पाया। चाची हमसे सहेलियों की तरह गप-गॉसिप करतीं। वे बहुत आकर्षक थीं और आश्चर्यजनक रूप से अभी भी बहुत सुन्दर थीं।

अचानक यह दु:खद समाचार मिला कि चाची अब नहीं रहीं। कोरोना संक्रमण के बाद उन्हें ब्लैक फ़ंगस हो गया था।

पाठकों को याद होगा कि कोरोना की दूसरी लहर के बीच ब्लैक फ़ंगस के बढ़ते मामलों से चिन्ता बढ़ी थी। देश के कई हिस्सों में इसके चलते कई लोगों की

मौत हो चुकी है। ब्लैक फ़ंगस (म्यूकरमाइकोसिस) ऐसा खतरनाक इन्फ़ेक्शन है, जो अब तक बहुत ही कम लोगों को होता रहा है। लाखों में किसी एक को यह संक्रमण होता था। लेकिन पिछले कुछ दिनों के दौरान कोरोना से संक्रमित मरीजों में यह इन्फ़ेक्शन बड़ी तेज़ी से फैला है।

यह इतना खतरनाक संक्रमण है कि इसके शिकार करीब आधे लोगों की जान चली जाती है। कुछ ऐसे मामले भी सामने आये हैं, जिनमें मरीज़ों को बचाने के लिए उनकी आँखें तक निकालनी पड़ी हैं। ब्लैक फ़ंगस के सबसे अधिक मामले डायबिटिक लोगों में आ रहे हैं।

चाची भी डायबिटिक थीं और उनका इन्फ़ेक्शन भी आँखों तक पहुँच गया था। बहुत कॉम्प्लिकेटेड सर्जरी की गयी, उनकी आँखें निकालनी पड़ी परन्तु उन्हें बचाया नहीं जा सका।

सर अन्तर्मुखी हैं और कभी भी उन्होंने चाची से अपने प्रेम का प्रदर्शन नहीं किया। यहाँ तक कि सोशल मीडिया पर भी चाची ही सक्रिय रहती थीं। उनसे ही हमारी बातचीत होती रहती थी। वही लिखती थीं कि उनके बेटे अप्पू की शादी हो गयी। बेटी अलका की नौकरी लग गयी आदि।

पर चाची की मौत ने सर की विरह से मुखर बना दिया। वे फ़ेसबुक पर मार्मिक यादों के पोस्ट डालते रहते हैं–जैसे तुम कहाँ चली गयी हो? 'मेरा प्यार'।

अभी भी उनकी फ़ेसबुक प्रोफ़ाइल में उनकी और चाची की संयुक्त फ़ोटो लगी हुई है।

अनु और रोहित नागर

रोहित नागर और अनु नागर पति-पत्नी थे। अनु हमारे यहाँ कार्यरत थी। रोहित जी बड़े ही धर्म-परायण व्यक्ति थे।

पति-पत्नी एक-दूसरे को बेहद प्यार करते और शान्त स्वभाव के थे। वे निस्सन्तान थे।

जब मैंने उनसे उनकी सन्तान के बारे में पूछा तो अनु ने बहुत ही मधुरता से जवाब दिया, 'मैम मैं और रोहित जी ही एक-दूसरे के बच्चे हैं।'

शादी के इतने दिनों के बाद भी वे लोग 'गोल्डन कपल' कहे जाते थे। एक दूसरे के लिए ज़िम्मेदार भी बहुत थे दोनों। दोनों में बेहद प्यार था।

अनु के ससुर जी बहुत वृद्ध हो चुके हैं। उनकी सेवा के लिए अनु ने आवेदन दिया कि उसकी पोस्टिंग वापस भारत कर दी जाये। मैंने उससे रुकने को भी कहा क्योंकि अनु अपने काम में अच्छी थी। वह चुपचाप अपना काम करने में विश्वास रखती। इसलिए ऐसे स्टाफ़ को खोना मुझे बहुत बुरा लग रहा था। मन्त्रालय कब दूसरा स्टाफ़ भेजे, कोई भरोसा नहीं था।

पर अनु ने निर्णय ले लिया था इसलिए वह दुबारा मुझसे निवेदन करने आयी। शायद उसने मेरे टेबल पर अपना आवेदन देख लिया था और मेरे भीतर के चोर को भी। तब मुझे भरोसा था कि मैं उसे अभी वापस भारत न जाने के लिए राज़ी कर लूँगी।

पर अनु के डेडिकेशन और कारण ने मुझे विवश कर दिया, मैंने उसी दिन आवेदन भेज दिया।

अपने चैन्सरी प्रमुख–डॉ. विनायक को निवेदन किया कि मन्त्रालय में बात करे ताकि इसका आवेदन ठंडे बस्ते में न चला जाये।

शाम को मैं अपने किचन गार्डन में मेथी का साग तोड़ रही थी कि अनु का फ़ोन आया।

'ओफ़्फ़ ओह! यह लड़की चैन नहीं लेने देगी। मैंने आवेदन भिजवा दिया है और प्रशासन से बात भी कर ली है कि इसका जल्दी ट्रांसफ़र हो जाये, अब घर आते ही इसने फिर से तंग करना शुरू किया।' मैंने झींककर फ़ोन उठाया।

'अनु अब क्या हुआ।' मेरी आवाज़ में खीज है और हल्की-सी झिड़की भी।

अनु डर जाती है।

'मैडम! मैं चाहती हूँ कि अब मेरा ट्रांसफ़र रोक दिया जाए। रोहित को दिल की-सीरियस बीमारी डिटेक्ट हुई है।'

'क्या?'

'हाँ मैडम, उनकी अर्जेंट बाइपास सर्जरी होनी है। वहाँ वृद्ध पिता हैं। मेरे पिताजी भी काफ़ी बूढ़े हैं, इसलिए भारत में सपोर्ट सिस्टम थोड़ा कम है। हमें यहीं सुविधा होगी।'

'कोई बात नहीं अनु, मैं मन्त्रालय से तुम्हारा ट्रांसफ़र रुकवाने की बात कर लूँगी। तुम रोहित जी का ख़याल रखो।'

'बहुत धन्यवाद मैडम।'

दिवाली आने वाली थी। दो हज़ार इक्कीस की दिवाली शायद सबके लिए ख़ुशियाँ लेकर आये।

रोहित जी और अनु दिवाली से पहले मिलने आये। हमने साथ में चाय पी। रोहित जी ने अपने घर के बारे में बताया कि वे सबसे छोटे भाई हैं। दो बड़े भाई हैं और एक बड़ी दीदी हैं।

'वे लोग तो भारत बुला रहे हैं—पर वहाँ अनु हॉस्पिटल और घर करते-करते परेशान हो जायेगी इसलिए यहीं ऑपरेशन करवाने का फ़ैसला लिया है।' रोहित जी ने बताया।

'बहुत बढ़िया, मेरी तरफ़ से कोई भी ज़रूरत हो तो बताना।'

रोहित जी तुरन्त उसी दिन हॉस्पिटल में भर्ती हो गये।

ऐसी हालात में भी अनु ऑफ़िस आ रही थी। मैंने उसे मना किया और रोहित जी का ख़याल रखने को कहा। मैं रोहित जी को देखने हॉस्पिटल गयी। वे आँख के इशारे से बातें कर रहे थे क्योंकि उनको ऑक्सीजन मास्क लगा रखा था।

मैंने उन्हें दिलासा दिया, 'आप जल्दी ठीक हो जायेंगे चिन्ता मत कीजिए।'

अनु ने हॉस्पिटल को अपना घर बना लिया। रात को भी ज़बरदस्ती हॉस्पिटल में बैठी रहती। हालाँकि दक्षिण अफ़्रीका के हॉस्पिटल अत्याधुनिक सुविधा युक्त हैं पर फिर भी दिन-रात वहाँ अकेले रहना!

यह अनु के ही बस की बात थी।

अचानक दो दिन बाद रोहित जी का बीपी कम होने लगा और वह डॉक्टर की लाख दवाई और कोशिश के बाद भी ऊपर नहीं बढ़ रहा था।

उस दिन दिवाली थी।

ऑफ़िस में छुट्टी थी।

मैंने अपने घर पर सबको लंच पर बुलाया था। हम सब लंच खाने की तैयारी कर रहे थे कि अनु का फ़ोन आया कि डॉक्टर लोग अब जवाब दे रहे हैं और बीपी बढ़ नहीं रहा।

हाय! अब क्या करें! तुरन्त हॉस्पिटल भागे हम सब।

अनु बदहवास थी।

अकेले इधर से उधर भाग-दौड़ कर रही होगी बेचारी।

यह भी कोरोना का दौर था। लोग नये वेरीयंट ओमिक्रॉन से आतंकित थे। सभी हॉस्पिटल वाले आवश्यक सावधानियाँ बरत रहे थे।

हम लोग भी मास्क लगाकर हॉस्पिटल पहुँचे। वहाँ रिसेप्शन पर पता चला कि सिर्फ़ दो लोगों को एक साथ मिलने की अनुमति दी जायेगी–वह भी विस्तृत कोरोना रिपोर्ट भरने के बाद।

ख़ैर, कई बैचेज़ में हम ऊपर आईसीयू विंग में पहुँचे।

हम सब आतंकित सहमे से बैठे थे।

मैंने रोहित जी के बेड के पास खड़े होकर उनको पुकारा।

वे आँखों के इशारे से बता रहे थे कि वे हमें सुन पा रहे हैं।

उनका हाथ पकड़कर मैंने ज़ोर देकर कहा कि वे जल्दी ठीक हो जायेंगे।

शाम को काली पूजा थी। मैंने अपने ऑफ़िस के लोगों के साथ रोहित जी के लिए स्पेशल पूजा भी की। बंगाल के लोग काली माँ को बहुत मानते हैं कि उनके खड़ग का धोया पानी पीने से रोगी ठीक हो सकता है।

पर दूसरे दिन भी उनका बीपी ऊपर नहीं आ पाया। सुबह डॉक्टर ने जवाब दे दिया।

अनु का रो-रोकर बुरा हाल था।

वह अपने गुरु महाराज को डाँट रही थी कि उन्हीं के कहने से उसने तुरन्त फ़ुरत यहाँ ऑपरेशन करवाने की ठानी थी।

और अब यह अनर्थ होने जा रहा था।

पर स्वामी जी ने यही कहा

'होईहे वही जो राम रची राखा।'

मेरे मन में सवाल आया कि जब वही होना है जो क़िस्मत में लिखा हुआ है तो फिर इन साधु लोगों के चक्कर में क्यों पड़ना!

पर अनु और रोहित जी तो इस बाबा के परम भक्त थे।

जब डॉक्टर ने कह दिया कि अब रोहित जी के पास बहुत कम समय बच गया है तब अनु ने रोहित जी की अन्तिम इच्छा के तौर पर वहीं पर वसीयत लिखकर रोहित के दस्तख़त लिए।

मुझे यह सब बेहद अटपटा लग रहा था। हमें डॉक्टर से बात करनी चाहिए थी कि किसी तरह उन्हें बचायें न कि उनके मृत प्राय: हाथों से किसी काग़ज़ पर अंगूठा लगाना चाहिए।

पर अनु उस वक्त वैसी हालत में जो भी उचित लगे कर रही थी।

बारह बजते-बजते पूरा ऑफ़िस हॉस्पिटल में था।

हम सब अभी भी सोच रहे थे कि काश कोई चमत्कार हो जाये और रोहित जी बच जायें।

अनु ने अपने बाबा जी का वीडियो उनकी बेड पर कान के पास लगा दिया था। पर होनी को कुछ और मंज़ूर था।

मैं सिर झुकाये आईसीयू के प्रतीक्षा कक्ष में बैठी थी कि सिक्योरिटी गार्ड ने आकर मुझे इशारे से भीतर बुलाया।

मैं जब रोहित के वार्ड में पहुँची तो मॉनिटर स्क्रीन पर आड़ी तिरछी लकीरें आ रही थीं जो एक मिनट के भीतर सीधी हो गयीं। उनका बीपी तीस तक गिर गया था।

पर चूँकि कृत्रिम पेस मेकर लगा हुआ था इसलिए दिल धड़कने का आभास हो रहा था।

पर रोहित जी जा चुके थे।

अनु यह मानने को तैयार नहीं थी।

अब वह पूजा पाठ, चमत्कार, टोने-टोटके कुछ भी आज़माने को तैयार थी।

शालिनी ने उसे समझाते हुए कहा–

'अनु, अब तुम अन्तिम प्रार्थना या पूजा करवा लो। रोहित जी जा चुके हैं।'

कहते-कहते उसका गला भर गया और वह फूट-फूट कर रोने लगी। मुझे भी रोना आ गया। मैं और शालिनी गले मिलकर रोने लगे। माहौल ग़मग़ीन हो आया।

पर अनु को अपने बाबाजी पर तब भी भरोसा था।

वह हमें डाँटने लगी।

'कुछ नहीं होगा रोहित जी को! आप लोग यह रोना धोना बन्द करो तो! अभी बाबा जी ठीक कर देंगे उन्हें।'

फिर असम्बद्ध-सी आगे बोली–

'मुझे क्या शक्ति थी और कॉन्फ़िडेन्स था कि मैं रोहित की सर्जरी यहाँ करवाती। बाबा जी ने कहा कि यहीं सर्जरी करवा लो मैं देख लूँगा–सब सम्हाल लूँगा। तब जाकर हमारी हिम्मत हुई। आप लोग एकदम नहीं रोवो प्लीज़।'

हम दोनों सहमकर चुप हो गये।

आईसीयू अब जनरल वार्ड की तरह हो गया था। ऑफ़िस के लोग और उनके परिवार भर गये थे। जो नर्सें हमें पहले एक-एक करके आने दे रही थीं–अब कुछ नहीं बोल पा रही थीं।

अब अनु रोहित के शरीर से लिपट कर रो रही थी।

वह कभी उनका माथा तो कभी बाल चूमती और बार-बार उठने को कहती थी–'उठ जाओ मेरे बच्चे! अब बहुत हो गया...ऐसा थोड़ी न करते हैं।...चलो उठो अब...हम भारत चले जायेंगे। अब यहाँ नहीं रहेंगे हम...बाबा जी के पास उनके आश्रम ही चले जायेंगे। बस तुम उठ जाओ। मुझे धोखा न दो।'

उसकी आवाज़ सयंत थी। उसकी आँखें जल रही थीं–पर उनमें आँसू न थे।

मैंने साइकलॉजिस्ट को बुलाया और उसे बॉडी से दूर ले जाने के लिए निवेदन किया।

बड़ी मशक़्क़त के बाद वह वार्ड से दूर प्राइवेट वेटिंग रूम में आने को तैयार हुई।

आगे की कथा कोरोना से ग्रसित न होने के बावजूद उससे प्रभावित होने की कथा है।

भारतीय दूतावास के यहाँ की घटना है इसलिए मातम पुर्सी के लिए सारे गणमान्य व्यक्ति आना चाहते हैं। पर कोविड के चलते बॉडी को सीधे श्मशान ले जाना पड़ेगा।

पर अनु तो रोहित जी का अन्तिम संस्कार भारत में करना चाह रही थी!

बड़ी मुलायमियत से उसे मैंने समझाया कि–“यहीं पर अन्तिम संस्कार करना ठीक रहेगा। भारत ले जाने में कोरोना काल में कई झमेले हैं। एक तो बॉडी का ‘इमबालमिंग’ किया जाएगा–जो बहुत कष्ट साध्य है। उसमें शरीर का ख़ून निकालकर प्रिज़र्वेटिव भर दिये जाते हैं–ताकि शरीर ख़राब न हो। दूसरे, सारे काग़ज़ तैयार होने में कम-से-कम सप्ताह भर तो लग ही जायेगा। ऐसे में रोहित जी की आत्मा और शरीर की तुम दुर्गति ही करवाओगी। उनके मुक्तिमार्ग को अवरुद्ध ही करोगी।”

अनु मान गयी कि अन्तिम संस्कार यहीं करके उनके फूल (अस्थियाँ) भारत में जाकर गंगा में प्रवाहित कर दिये जायें। उसने अपने घरवालों से बात की तो वे भी मान गये।

आजकल भारत में भी कोरोना के कारण अन्तिम संस्कार करने के तरीक़े और मानसिकता में बदलाव आया है।

सच, कोविड ने हमें कई कठिन पाठ पढ़ाए हैं। गंगा के किनारे हज़ारों लाशों का उघड़ना कोरोना का वीभत्स दस्तावेज है।

मैं रोहित को बचा नहीं पायी, इसी अपराधबोध में रहती हूँ। आख़िर, अनु ने मुझसे भी पूछा था कि सर्जरी यहाँ करवाये या भारत में, मैंने स्वार्थी होकर सोचा कि अगर यहाँ सर्जरी करवाती है तो यहीं रहेगी–भारत जाने पर तो मुझे एक और स्टाफ़ कम प्राप्त होगा। मन्त्रालय इतने काम सौंपता है कि लम्बे समय तक मैं किसी को भी छुट्टी नहीं देना चाहती थी। पर सब कुछ उल्टा हो गया।

फ़्यूनरल दक्षिण अफ्रीका में ही हुआ–उसी क्रिमटॉरीयम में–जिसे महात्मा गांधी ने बनवाया था। यह जोहानसबर्ग में हिन्दुओं का सबसे पुराना शवदाह गृह है।

पर, रोहित की मौत के बाद कई महीनों के लिए अनु भारत चली गयी। मेरा स्टाफ़ कम हो ही गया। वही हुआ जो मैं नहीं चाहती थी।

कोरोना का झूठ

दिसम्बर 2021-जनवरी 2022 के बीच कोरोना की तीसरी लहर में एक नया स्ट्रेन–'ओमिक्रॉन' आया। तभी नया साल भी आने वाला था। दो हज़ार बाईस का नव वर्ष ढेर सारी सम्भावनाओं के साथ! विदेश में तो क्रिसमस और नये साल की छुट्टियों का सब बेसब्री से इन्तज़ार करते हैं। उत्सवी माहौल रहता है।

मेरे टेबल पर छुट्टी के एप्लिकेशन ढेर होने लगे।

अब किसे छुट्टी दें किसे न दें!

ऊपर से कोरोना का आतंक।

बहुत सोच-विचारकर ऑफ़िस में मैंने सबको कह दिया कि इस परिस्थिति से निपटने के लिए सब लोग एक साथ छुट्टी नहीं लेंगे बल्कि आधे-आधे स्टाफ़ छुट्टी पर जायेंगे।

सबको क्रिसमस में ही छुट्टी चाहिए थी।

कई लोगों ने मेरे साथ अपनी घनिष्ठता का फ़ायदा उठाते हुए छुट्टी पर चले जाने की पेशकश की।

मेरी पीए ने मुझे नज़दीक के रमणीय स्थलों की लिस्ट थमा दी।

'मैडम, कहीं बच्चों के साथ घूम आइए न। बच्चे घर में ही डाव-डाव डोल रहे हैं।'

इस सतही शुभचिन्ता के पीछे अपनी छुट्टी को बचाने का इरादा था।

पर मेरे अन्दर का भी कनिंग बॉस जग चुका था।

मैंने साफ़ मना कर दिया कि जब तक किसी को ओमिक्रॉन न हो या सिम्पटम न हो, कोई छुट्टी नहीं चलेगी।

सब मन मसोसकर रह गये।

पर सरकार में कभी भी सबके साथ एक साथ पंगा नहीं लेना चाहिए। हरदम 'फूट डालो और शासन करो' की नीति अपनानी चाहिए।

जो बॉस के साथ है वह हरदम फ़ायदे में रहता है और बॉस को भी उसे फ़ायदे में रखना भी चाहिए।

पर मैं इसमें कच्ची हूँ। पकने में थोड़ा और टाइम लगेगा।

इसलिए तो चूक हो गयी।

सब लोगों ने मिलकर आपस में छुट्टी के दिन तय कर लिए।

एक दिन जब एक रिपोर्ट अनिवार्य रूप से जानी थी तब मुझे पता चला कि ऑफ़िस में मेरे पीए के अलावा कोई नहीं है।

'सब कहाँ गये?' मैंने ग़ुस्से से पीए को पूछा।

'मैडम सबको या तो कोविड हो रखा है या उसके सिम्प्टम हैं।'

'अच्छा खुशी कहाँ गयी?'

'मैडम खुशी को भी बहुत खाँसी-बुख़ार है।'

'सब बहाने-बाज़ी है' मैंने मन ही मन सोचा। बोला कुछ नहीं, क्योंकि दक्षिण अफ्रीका में सब कुछ सोच-समझकर बोलना पड़ता है, वरना लेबर यून्यन आकर आपकी खटिया खड़ी कर देगी। अपरथैड का भूत और हरदम डिस्क्रिमिनेशन की हीन भावना इनके दिलो-दिमाग़ में घर कर गयी है।

बाद में पता चला कि सारे ऑफ़िस वालों ने बिना छुट्टी लिए छुट्टी कर ली है। मैं, काउंसल जनरल के रूप में अकेले दो सप्ताह तक ऑफ़िस आती रही और दो-तीन ग्रीन चाय पीकर सबके हिस्से का काम करती रही।

अभी सबकी वार्षिक छुट्टी तो बाक़ी ही है और वह छुट्टी वे लोग तब लेंगे, जब मुझे उनकी सबसे अधिक ऑफ़िस में ज़रूरत होगी।

एक स्टाफ़ ने नेगेटिव रिपोर्ट आने पर लैब को डाँटा कि जब उसे सारे सिम्प्टम हैं तो कोविड टेस्ट नेगेटिव कैसे हो सकता है?

बेचारे लैब ने डरकर दुबारा रिपोर्ट बनायी। अबकी वह पॉज़िटिव थी। तब मुझे बिल्कुल समझ में नहीं आया कि अगर हम मरीज नेगेटिव हैं तो उसे ख़ुश होना चाहिए। पर वह स्टाफ़ दुखी थी।

बाद में शालिनी ने मुझे समझाया कि इस तरह उस स्टाफ़ को छुट्टी भी नहीं गवानी पड़ी और उसे दो सप्ताह का आराम भी हो गया।

ओ माय गाड! ये लोग इतने शातिर हैं!

हर बार मैं छली जाती हूँ पर हर अगली बार दुबारा विश्वास करने को तैयार हो जाती हूँ–उस चींटी की तरह जो बार-बार गिरकर कुचले जाकर भी हार नहीं मानती।

एक सीनियर ऑफ़िसर और इसकी पत्नी पॉज़िटिव आ गये। उन्होंने पूरे अहतियात बरतते हुए ख़ुद को क्वॉरंटीन कर लिया।

तीन दिन बाद उस ऑफ़िसर ने मुझे फ़ोन कर मेरी इजाज़त माँगी कि क्या वह ऑफ़िस आ सकता है?

'क्यों! अभी तो आपका इन्फ़ेक्शन चरम पर है।'

'जी मैडम, पर मेरा एक फ़ोन ऑफ़िस में छूट गया है, उसे ले लूँगा।'

मैं सोच में पड़ गयी। क्या करूँ–अगर आने देती हूँ और मुझे या किसी और को कोरोना हुआ तो सब मुझे ही ज़िम्मेदार ठहराएँगे और अगर नहीं आने देती तो भी यह आदमी चुपके से आकर फ़ोन तो ले ही जायेगा। मैं ही बुरी बन जाऊँगी।

तब मैंने उनसे कहा कि सुबह-सुबह आकर फ़ोन ले जायें। बाद में उसी दिन ऑफ़िस को सैनिटायज़ करवाने को बोल दिया क्योंकि दस से अधिक लोग पॉज़िटिव आ गये थे। साथ ही फ़्यूमिगेशन के लिए भी सहमति दे दी क्योंकि अभी बरसात थी और मच्छरों के लार्वा जगह-जगह जमे हुए पानी में पनप रहे थे।

फिर वही चीटिंग! मेरे अलावा सबको सैनिटाइजेशन के समय का पता था। जब मैं ऑफ़िस पहुँची तो कोई नहीं था।

मेरा पीए भी नहीं!

क्या हुआ? मैंने उसे फ़ोन करने के लिए मोबाइल निकाला।

उसका मेसिज था कि आज ऑफ़िस नहीं आऊँगा क्योंकि ऑफ़िस को फ़्यूमिगेट किया जा रहा है।

हे भगवान! मुझे डीडीटी से एलर्जी है–तुरन्त माथा दुखने लगा।

मैं समझ गयी कि माइग्रेन का अटैक होने ही वाला है।

विनायक, हमारे यहाँ नये चैन्सरी हैड आये हैं। वे भारतीय विदेश सेवा के दो हज़ार चौदह बैच के ऑफ़िसर हैं। विदेश सेवा से पहले विनायक एएआईएमएस से एमबीबीएस कर चुके हैं। वह भी सासाराम के रहने वाले हैं इसलिए हमारी केमिस्ट्री बहुत अच्छी है। विनायक सचमुच बहुत विनम्र और मेहनती है।

मैं हमेशा उसे अपने साथ ले जाती हूँ। मुझे क्या समस्या हो सकती थी! इस बार हमें दक्षिण अफ़्रीका और ज़िम्बाब्वे के बॉर्डर मूसींना जाना पड़ा। वहाँ हमें

बिहार सरकार के जंगली जानवरों के एक कन्सायन्मेंट के लिए समझौता करना था। मूसींना बहुत गरम प्रदेश है। सालों भर वहाँ बेहद गरमी पड़ती है। हमारे साथ विनायक की पत्नी उर्मिला भी थी। इतनी गरमी से बेचारी को लू लग गयी। उर्मिला बहुत चुलबुली और सुकुमारी है। दिल्ली से पढ़ी लिखी और पुणे से उसने इंजीनियरिंग की है। वह बेहद सुन्दर और स्मार्ट है। दोनों पति-पत्नी घूमने और एड्वेंचर के शौक़ीन हैं।

हमने जानवरों के ठिकाने का दौरा किया। सारी बातें बेहद सौहार्दपूर्ण माहौल में तय हो गयीं। एक भारतीय परिवार—श्री राजू बनशिया और उनके बड़े भाई से मुलाक़ात भी हो गयी और उन्होंने इस सौदे को अमली जामा पहनने का वादा भी किया।

दूसरे दिन हमारी वापसी थी। उर्मिला को कमज़ोरी और बुख़ार था। वह मेरे साथ रीयर सीट पर सोती आ रही थी।

'बेचारी उर्मिला!' मैंने करुणा से सोचा, 'कहाँ नाज़ों से पाली लड़की यहाँ सूखे अफ्रीका में घूम रही है। कहीं इसे ओमिक्रॉन न हो।' मेरे दिमाग़ में चमका।

बाद में दूसरे दिन उर्मिला ने फ़ोन करके बतलाया कि उसे ओमिक्रॉन है। फिर उसके अगले दिन विनायक का बाई टेस्ट पॉज़िटिव आया।

पूरे ऑफ़िस में अफ़रा-तफ़री का माहौल बन गया। मेरा पूरा ऑफ़िस दुबारा कोरोना की चपेट में आ गया।

हमारे ऑफ़िस के अधिकारी खन्ना जी वैक्सीन के लिए व्याकुल थे। वैसे भी वे हाइपर एक्टिव हैं। जो चीज दिमाग़ में आती है उसे हासिल करके ही दम लेते हैं।

जब वैक्सीन का दौर आया तो उन्होंने मुझे तंग कर दिया कि मैडम सबको जल्दी से वैक्सीन लगवा दो।

'ठीक है, जब सरकार डिप्लोमैट को रेजिस्टर करेगी तो लगवा देंगे।'

'अरे मैडम, वो तो बहुत समय लगेगा। आप बाहर से मँगवा लीजिए न।'

'मतलब?'

'भारत से मँगवा लीजिए। कोविड सेल दूसरे देशों को वैक्सीन भी भेज रहा है। ज़िम्बाब्वे और बोत्स्वाना को भेजा है।'

'वह इसलिए कि वे लोग भारतीय वैक्सीन एक्सेप्ट कर रहे हैं। पर दक्षिण अफ्रीका ने तो हमारी वैक्सीन रेजेक्ट कर दी है न, तो हमें कैसे अलाओ करेंगे

कि हम भारतीय वैक्सीन को लें। वैसे भी वो वैक्सीन को तो अभी यहाँ मान्यता नहीं मिली है।' पर खन्ना जी तैयारी के साथ आये थे। सख़्त और खड़ूस बॉस को कैसे कन्विन्स करना है वे अच्छी तरह जानते थे।

उन्होंने तुरन्त तपाक से कहा, 'मैडम, डिप्लोमैट के निजी उपयोग के लिए वे स्वदेशी वैक्सीन अलाओ कर रहे हैं। अमेरिका और यूके ने अपने डिप्लोमैटिक स्टाफ़ को अपने-अपने देशों से वैक्सीन मँगाकर वैक्सिनेट कर भी दिया है।'

अब मैं चारों ओर से घिर गयी थी और इसका कोई जवाब मेरे पास नहीं था।

मैंने लचर सा जवाब दिया, 'ठीक है देखूँगी।'

बाद में एक बार फिर खन्ना जी ने मुझे घेर लिया। 'मैडम, अब तो वैक्सीन दिलाओ न। अब देखिए रेजिस्ट्रेशन भी खुल गया है।'

'हाँ, पर अभी वे लोग सीनियर सिटिज़न और फ्रंट लाइन वर्कर को दे रहे हैं।'

'मैडम हम भी फ्रंट लाइन वर्कर हैं–रोज़ सौ लोगों से डील करते हैं।'

मैंने शान्ति से समझाया, 'खन्ना जी, हम लोग विदेशी डिप्लोमैट हैं, जब हमारा टर्न आयेगा तब हमें भी वैक्सीन मिल जायेगा।'

कुछ दिनों बाद पता चला कि खन्ना जी स्थानीय भारतीय संस्थाओं के माध्यम से अपने को रजिस्टर करना चाह रहे हैं। वे शायद रजिस्टर भी हो गये थे।

खन्ना जी बेहद पर्स्वेसिव इन्सान हैं। एक ही बात को पकड़ कर बैठ जाते हैं। उनका टोन बहुत पेट्रोनाइजिंग है। उनसे बात करके मुझे बहुत खीज होती है पर खन्ना जी सबको खिजाने में बहुत सन्तोष महसूस करते हैं।

जब मैंने उनसे पूछा कि क्या आप कहीं और से वैक्सीन लगवा रहे हैं तो वे साफ़ मुकर गये।

जल्दी ही डिप्लोमैट के लिए वैक्सीन का रेजिस्ट्रेशन खोल दिया गया। शायद खन्ना जी पहले डिप्लोमैटिक बैच में होंगे जिन्होंने अपनी पत्नी के साथ वैक्सीन ली होगी। शालिनी बता रही थी कि उन्होंने कम-से-कम सौ लोगों की लम्बी लाइन को चकमा देकर पहले वैक्सीन लगवायी थी।

मुझे मन ही मन हँसी आयी जब उन्हें और उनकी पत्नी को कोरोना हो गया।

कितने प्रोग्राम्ज़ उन्होंने कैन्सल किये। वैक्सीन के लिए कितने पापड़ बेले।

कितने लोगों के अपॉइंटमेंट नहीं लिए ताकि वे अपना बचाव कर सकें–फिर भी वे कोरोना से नहीं बच पाये।

भारत सरकार ने अनूठी पहल करते हुए पड़ोसी और कई मित्र देशों को देश में बनी वैक्सीन भेजने का फ़ैसला किया। चूँकि सोशल मीडिया का ज़माना है, मुझे भी मन था कि वैक्सीन लेने और दक्षिण अफ्रीका को हैंड ओवर करने के लिए मुझे चुना जाये।

राजदूत महोदय ने स्वयं फ़ोन करके मुझे निर्देश दिया कि मैं अपने दो स्टाफ़ के साथ जाकर भारत की तरफ़ से वैक्सीन को रिसीव करूँ और फिर उन्हें दक्षिण अफ्रीकी राष्ट्रपति को सुपुर्द कर दूँ।

दक्षिण अफ्रीका के राष्ट्रपति स्वयं यह वैक्सीन लेने आ रहे थे। एयरपोर्ट पर बहुत ताम-झाम से मीडिया और मन्त्री गण मौजूद थे।

वैक्सीन आने के दिन नज़दीक आ रहे थे।

मैंने अपनी एक अच्छी साड़ी छाँट ली।

मैचिंग ज्वेलरी और चप्पल!

मैं पहली बार राष्ट्रपति से हाथ मिलाऊँगी और फ़ोटो सोशल मीडिया पर डाल दूँगी।

कम-से-कम पाँच सौ लाइक्स और कॉमेंट्स तो ज़रूर आयेंगे!

मेरी प्रतिस्पर्धा में मेरे बाक़ी कलिग जल भुन जायेंगे।

मैं मन-ही-मन कल्पनाओं में खोयी रहती।

मेरी ऑफ़िस की मीडिया टीम और बाक़ी लोग भी उत्साहित थे कि हम सब वैक्सीन लेने एयरपोर्ट जायेंगे।

सब कुछ व्यवस्थित और तय था।

तय नहीं थी तो मेरी क़िस्मत!

यहाँ के विदेश मन्त्रालय ने शायद यह शर्त रखी कि या तो राजदूत महोदय स्वयं आयें या फिर अपने डेप्युटी को भेजें।

मैं तो इंडिपेंडेंट चार्ज में थी–काउंसल जनरल!

मेरी पूर्व बॉस–एम्बैसडर रुचि घनश्याम ने भी फ़ोन करके मुझे कहा कि तुम ही वैक्सीन लेने जाओ।

'हाई कमिशनर के अलावा तुम ही सबसे सीनियर हो।' उन्होंने कहा।

पर मैम, वे नहीं चाहते कि मैं जाऊँ, वे शायद डेप्युटी को भेजना चाहते हैं, मैं कैसे मना करूँ।

'तुम एक बार और ज़ोर डालो कहो कि उन्हें तुम्हें भेजना चाहिए।'

पर मैंने ऐसा कुछ नहीं किया और न हाई कमिश्नर सर से कुछ कहा। मुझे एक हद से अधिक अपनी पैरवी करनी आती नहीं। बुरा भी लगता है।

इसलिए मेरा पत्ता कट गया।

एक जूनियर ऑफ़िसर वैक्सीन लेने हवाई अड्डे गया। उस सेरेमोनी का सारा इन्तज़ाम मैंने किया था पर लाइम-लाइट वो बटोर रहा था। उसने राष्ट्रपति के साथ फोटो भी खिंचवाई।

मैं स्तब्ध थी।

दुखी थी।

स्तब्ध और अवाक् होते हुए मैंने वह हैंडिंग ओवर सेरेमोनी लाइव देखी। अचानक मेरी आँख में कुछ किरकिराने लगा और सबकी आँख बचाकर मैं रोने के लिए जल्दी से बाथरूम में घुस गयी और अपनी फूटी क़िस्मत पर ख़ूब रोई।

पर वैक्सीन लेकर दक्षिण अफ़्रीका किंकर्तव्यविमूढ़ रह गया।

यहाँ के वैज्ञानिकों ने वैक्सीन में दो ख़ामियाँ निकालीं।

पहली तो यह कि वैक्सीन की सैल्फ़लाइफ़ कम है–यानी तीन महीने के भीतर एक्स्पाइअर होने वाली है।

अभी तक दक्षिण अफ़्रीका में वैक्सीन लेने की योजना या इसका कोई कार्यरूप लॉन्च नहीं किया गया था।

बहुराष्ट्रीय कम्पनियाँ सरकारों को सस्ती और टिकाऊ वैक्सीन उपलब्ध कराने का सब्ज़ बाग़ दिखा रही थीं। ऐसे में भारत से वैक्सीन का ऑफ़र उन्हें लुभा नहीं रहा था पर भारत की सदस्यता को नकार भी नहीं पा रहे थे–इसलिए उन्होंने वैक्सीन लेकर अपने पड़ोसी अफ़्रीकी देशों को बाँट दी।

मुझे तब लगा कि अच्छा ही हुआ कि मैं नहीं जा पायी एयरपोर्ट–वैक्सीन की सुई भारत व दक्षिण अफ़्रीका को ख़ूब चुभी।

पता नहीं किस रिसर्च के आधार पर दक्षिण अफ़्रीकी वैज्ञानिकों के द्वारा उल्टे-सीधे आरोप लगाये गये। वैक्सीन के बारे में कहा गया कि इसकी एफ़िकेसी दूसरे वैक्सीन ख़ासकर फ़ायज़र और जॉनसन एंड जॉनसन से कम है।

- यह अश्वेत लोगों पर कम कारगर होगी–यह भी ग़लत आरोप था क्योंकि अगर दक्षिण अफ़्रीका को ऐसा लग रहा था तो अपनी ख़रीदी हुई वैक्सीन क्यों दूसरे अफ़्रीकी देशों को दे दी? भारत ने भी अन्य अफ़्रीकी देशों को

वैक्सीन उपलब्ध करवायी और सबने इसे लिया और इन देशों में काले ही बसते हैं।

- यह भी मीडिया द्वारा बात फैलायी गयी कि भारत यह वैक्सीन महँगे दामों में मुनाफ़ा कमाने के लिए बेच रहा है, और झूठ-मूठ दान करने का नाटक कर रहा है। भारत ने यूके के अस्तरा जेनेका रिसर्च के वक्त ही सभी देशों को सम्पर्क करके उन्हें रिसर्च फंड में कंट्रिब्यूट करने का मौक़ा दिया था। अगर कोई देश रिसर्च फंड में कंट्रिब्यूट करता है तभी उसे वैक्सीन मुफ़्त या सस्ते दामों में उपलब्ध करायी जा सकेगी। परन्तु, दक्षिण अफ्रीका ने ऐसा करने से मना कर दिया था। इसलिए उसे कमर्शीयल लागत मूल्य पर वैक्सीन दी गयी थी। फिर भी यह वैक्सीन दूसरे अन्य वैक्सीन की तुलना में बहुत सस्ती थी, पर दक्षिण अफ्रीका में कॉरपोरेट वर्ल्ड इतना हावी है कि सरकार के लिए बड़ी मुश्किल पैदा हो जाती है।

असल बात यह थी कि दक्षिण अफ्रीका के पास इस वैक्सीन को स्टोर करने का सरकारी साधन नहीं था। प्राइवेट संस्थाओं ने वैक्सीन की तुलना में बहुत अधिक पैसे माँग लिए थे जो इनके लिए बेहद महँगा प्रपोज़ल था। इसलिए आनन-फ़ानन में वैक्सीन को दूसरे मुल्कों को दान करना ही बेहतर समझा गया। इससे वैक्सीन भी ख़राब नहीं हुई और उन्हें गुडविल भी मिल गयी।

मेरे घर में कोरोना

ख़ुद से कोविड की डील करते-करते मैं दूसरे लोगों को भी बचाव और निदान की सलाह देने लगी। सबसे पहला क्लाइंट मुझे मेरे परिवार में ही मिल गया। सरोज–मेरी बहन मंजु का पति और मेरा सबसे करीबी बहनोई। वह रिश्तेदार कम मेरा दोस्त अधिक है। हम दोनों की रुचियाँ बहुत मिलती हैं। जैसे खाना बनाना, बाग़वानी करना, मछली पालन, पोल्ट्री आदि उसकी भी हॉबी हैं–हम अक्सर एक-दूसरे से अपनी सीक्रेट रेसिपी शेयर करते हैं। सरोज और मंजु अपने दो प्यारे बच्चों के साथ जमशेदपुर में रहते हैं। मंजु कॉलेज में रीडर है–पर अभी उसका स्कूल बन्द है–कोविड के चलते लॉकडाउन जो है। इसलिए मंजु और सरोज रोज़ नयी-नयी रेसिपी ट्राई कर रहे हैं। अक्सर फ़ैमिली ग्रूप में अपनी डिश की फ़ोटो डालकर हम सबको ललचाते-तड़पाते रहते हैं। मेरी माँ भी मंजु के यहाँ रह रही है क्योंकि–सरोज बेहद आज्ञाकारी दामाद है। वरना, मेरी माँ-सी डिफ़िकल्ट औरत जिसकी सास हो–और वह आदमी शान्ति से–निष्कामभाव से उसकी सेवा करता जाये–तो माँ के लिए बेहतर ऑप्शन और कहाँ हो सकता है?

इसलिए माँ भी वहीं रहती है–पिछले छह महीने से। वहाँ उन्हें अच्छा लगता है।

एक दिन जब हम लगभग ठीक हो गये थे तब मंजु की हड़बड़ाई हुई कॉल आयी।

'दीदी, सरोज को रात में बहुत बुख़ार था और अभी बहुत कमज़ोरी है, क्या उसे कोविड है?'

मेरा माथा ठनका! बुख़ार और शरीर में दर्द! निश्चित ही कोरोना के लक्षण हैं। मैंने उसे व्हाटसऐप पर पेरासीटामोल, विटामिन आदि दवाओं के नाम भेजे और ख़रीद लाने की सलाह दी।

'तुरन्त ये प्रोटोकॉल शुरू करो, दवाएँ देना शुरू करो।' मैंने निर्देश दिया।

'दीदी, यहाँ दुकान में ओवर द काउंटर दवाई भी नहीं उपलब्ध है, बताओ क्या करें? सरोज के पास एक पेरासीटामोल थी वो उसने कल रात को खा ली। झारखंड सरकार ने सारी दवाओं को खुले में बेचने पर पाबन्दी लगा दी है, इसलिए बिना प्रिस्क्रिप्शन के कोई दवा नहीं मिलेगी। और किसी डॉक्टर के पास जाते ही या टेस्ट करते समय वे लोग ज़बरदस्ती कोविड वार्ड में उठा ले जाते हैं और फिर बाहर नहीं निकलने देते। तुम्हें टाटा मेडिकल हॉस्पिटल (टीएमएच) का हाल तो पता ही है।'

'हाँ, मुझ से बेहतर टीएमएच को कौन जानेगा? यहीं पर दस साल पहले आईसीयू में हमारे अटेंडेड बाबूजी की जान गयी थी! और उसके बाद की कवायद भी मैं कैसे भूल सकती हूँ?'

'दीदी, हाल ही में ज्ञानी का पति कोविड केस में वहीं भर्ती था और उसकी भी मौत हो गयी।'

'ओह, हे भगवान! सो सैड!' मैंने कहा।

मैं ज्ञानी को जानती थी। वह मंजु की सहयोगी और मित्र है और मेरी ज़बरदस्त फ़ैन! पिछली बार जब मैं जमशेदपुर गयी थी तो वह मुझ से मिलने आयी थी, उसका पति ही स्कूटर चलाकर उसे लाया था। शर्मीला-सा दुबला-पतला जवान!

"हाय, कोरोना से कैसे मर गया वह तो जवान था!" मैंने मंजु से पूछा!

'उसे बहुत दिनों से बुख़ार और गले में दर्द था, पर इसी तरह भर्ती होने के डर से घर में ही कुछ दवाएँ ले रहा था। फिर ज्ञानी को भी बुख़ार हो गया और वो उसे जबरन हॉस्पिटल ले गयी। नियम से दोनों को भर्ती कर लिया गया। पर ऑक्सीजन की कमी होने के चलते उसके पति की साँस फँसने लगी। अभी कोविड वार्ड पूरा खचा खच भरा हुआ है। डॉक्टर भी थक गये हैं, शायद रात को वहाँ कोई नहीं था जब उसकी मौत हुई। ज्ञानी उसी हॉस्पिटल में भर्ती थी–उसे बाद में बताया गया पर वह भी अपने पति के अन्तिम दर्शन भी न कर पायी क्योंकि वह भी कोविड पॉज़िटिव थी।'

फ़ोन पर ही मेरे आँसू बहने लगे। चालीस साल का जवान आदमी मर गया! कितने लोग मर रहे हैं। सरकार बेबस है, किसी को नहीं पता कि कोविड से कैसे बचें और हो जाने पर कैसे लड़ें–सामना करें।

'दीदी, इसलिए हम लोग सरोज को हॉस्पिटल नहीं भेजना चाहते।'

‘अरे, उसे हॉस्पिटल जाने की जरूरत नहीं पड़ेगी। बस सारी दवाएँ कहीं से मँगवा लो।’

‘ठीक है दीदी, सरोज का एक दोस्त है, डॉक्टर पप्पू। उसी को पूछती हूँ।’

कहीं से जुगाड़ करके मंजु ने दवाएँ मँगवाली। मैंने सरोज से भी बात की। उसे अब बुख़ार नहीं था पर वो नर्वस था। मेरा सबसे बढ़िया भाई! मुझे उसे मोटिवेट करना था।

मैंने अपनी उत्साहित आवाज़ में उसको फ़ोन किया और उसे उत्साहित कर दिया। यह निश्चित हुआ कि वह फ़िलहाल हॉस्पिटल नहीं जायेगा। वैसे भी भर्ती तो उन्हें करना चाहिए जो-सीरियस हैं। सिम्प्टमैटिक और माइल्ड लक्षणों वाले मरीज़ों के लिए बेस्ट ऑप्शन है–घर पर ही ख़ुद को आइसोलेट होकर दवाएँ खाना और आराम करना!

वैसे भी सरोज इधर छह महीने से वर्क फ्रोम होम ही कर रहे थे, इसलिए कोई परेशानी वाली बात थी ही नहीं।

बस एक परेशानी थी कि सरोज दवाओं का सेवन नहीं करना चाहता था। मेरी बतायी हुई दवाओं को भी उसने छोड़ दिया। क्योंकि उसे बुख़ार नहीं था।

भारत में बुख़ार ही सबसे डरावनी बीमारी मानी जाती है, क्योंकि हमारा राज्य हमेशा से मलेरिया पीड़ित रहा है। मलेरिया-उन्मूलन कार्यक्रम के बावजूद गये साल हज़ारों लोग मलेरिया के शिकार बनते हैं। उसी तरह एन्सेफ़लायटिस, डेंगू, टाइफ़ायड आदि तो हरेक बरसात आते हैं और कितने ही बच्चे व बूढ़े काल कवलित हो जाते हैं। इसलिए बुख़ार रहना बहुत डरावना है और बुख़ार का उतर जाना बीमारी ख़त्म होने का संकेत।

पर कोविड के कॉम्प्लिकेशन बुख़ार ख़त्म होने के बाद नज़र आते हैं। जब तक बुख़ार है–आप ठीक हैं, पर कोविड में बुख़ार उतरते ही सबसे अधिक ख़तरा होता है–ऑक्सीजन लेवल कम हो जाने का। इसलिए ऑक्सीमीटर ख़रीदने की सलाह दी जाती है। पर बाज़ार में सर्वाधिक उपलब्ध मेड इन चाइना वाले ऑक्सीमीटर पर भरोसा नहीं किया जाना चाहिए। सरोज ने इसलिए ऑक्सीमीटर ख़रीदा ही नहीं।

उसने विटामिन-सी की दवाइयाँ खाने में भी झंझट किया। वह पाँच सौ एमजी की एक गोली लेना चाहता था जबकि कम-से-कम हज़ार एमजी वयस्कों के लिए होनी ही चाहिए।

दूसरा उसे शुगर भी है। उसने दवाई भी छोड़ दी। कोविड में खाना भी खाने का मन नहीं करता मुँह का स्वाद नष्ट हो जाता है। सरोज भी एकाध रोटी खा लेते थे। वे तीन दिन में ही बेहद कमज़ोर हो गये थे, इसलिए एक दिन बेहोश होकर गिर पड़े।

घर में रोना धोना चालू हो गया। तुरन्त डॉक्टर पप्पू ने फ़ोन करके मंजु को हिदायत दी कि सारी दवाइयाँ खानी है–हाँ, शुगर की भी। खाना ज़बरदस्ती ही सही समय पर खा लेना है।

सारे सप्लीमेंट भी कम-से-कम दो सप्ताह तक खाने ही हैं और सबसे ज़रूरी है–आराम करना नहीं तो दिल और फेफड़े की कॉम्प्लिकेशन हो सकती है।

ये दवाइयाँ और विचार मेरे भी थे पर घर की मुर्गी दाल बराबर। मैं बोल रही थी कि सारे प्रोटोकॉल फ़ॉलो करो तो अटपटा लग रहा था–पर एक डॉक्टर ने कहा तो वह कन्विन्सिंग था, सरोज ने उसे मान लिया। उस तरह, उनको एक सप्ताह में ही कोविड से आराम आ गया।

पर कोविड एक बार घर में घुस जाये तो उतनी आसानी से वापस नहीं जाता–अधिकतर लोगों को अपनी चपेट में ले लेता है। कोविड का अगला शिकार बना–संजय, सरोज का छोटा भाई। संजय इंजीनियर है जो कनाडा की एक आईटी फ़र्म में काम करता है। कोविड होने के बाद वन्दे भारत मिशन फ़्लाइट से वह कनाडा से छुट्टी लेकर वापस आ गया और सरोज, मंजु के पास ही रह रहा था।

कोविड के लक्षण आने के बाद सरोज ने उसका और अपना किसी प्राइवेट लैब में स्वैब टेस्ट कराया। दोनों पॉज़िटिव आये–पर सरोज को चूँकि दो सप्ताह हो गये थे इसलिए वह अब आइसोलेट नहीं हुए और अपना कमरा संजय को दे दिया।

संजय विवाह के लिए इच्छुक था और इस आइसोलेशन समय का इस्तेमाल उसने अपने प्रोफ़ाइल को अपग्रेड करने और कई ऐप डाउनलोड कर अपनी प्रोफ़ाइल अपलोड करने में लगाया। सेन के रिक्वेस्ट पर मैंने संजय से बातचीत की और उसे मोटिवेट किया। संजय बहुत माइल्ड्ली बीमार था। सत्ताईस साल के लड़के का कोविड कुछ न बिगाड़ पाया।

बाद में मंजु भी कोविड पॉजिटिव पायी गयी। उसने मुझे फ़ोन किया कि मैं कैसे आइसोलेट हो सकती हूँ–दोनों बच्चों को छोड़कर?

मैंने उसे अपने उदाहरण और अनुभव साझा करते हुए सलाह दी कि बच्चों को कोविड बहुत माइल्ड होता है–मेरे तीनों बच्चों को कोविड हुआ पर वे तुरन्त ठीक हो गये।

पर मंजु डर गयी थी। वह बच्चों के लिए अतिरिक्त सावधानियाँ बरतना चाहती थी।

अपने घर में वैसे भी मैं बदनाम हूँ कि मुझे बहुत रिस्क लेने की आदत है। मंजु ने वह रिस्क नहीं लिया। जिस नीचे वाले कमरे में सरोज और बाद में संजय रह रहे थे, वह उसमें शिफ़्ट हो गयी।

सारी दवाइयाँ मेरी वाली चला रही थी। तभी मैंने फ़ेसबुक पर उसका फ़ोटो देखा कि वह जितिया कर रही है! जितिया एक स्थानीय उपवास है जिसे माताएँ अपने पुत्रों के लिए रखती हैं।

मेरी माँ पहले पाँच बेटियों की माँ होने के कारण बहुत दुःखी रहती थी–पर जब से सोनू जन्मा है–अत्यन्त उत्साह से जितिया कर रही है। अबकी वे जमशेदपुर में मंजु के पास थीं। माँ ने यह उत्साह उसमें भी भर दिया और बीमार होने के बावजूद, मंजु ने जितिया व्रत किया।

कोरोना का कॉफिन

लॉकडाउन जब लेवल तीन पर पहुँचा तो द अफ्रीका की सरकार ने टूरिज़्म को दुबारा पुनर्जीवित करने हेतु प्रसिद्ध टूरिज़्म स्थानों को खोलना शुरू किया।

क़रीब साल भर से हम बाहर नहीं निकले थे सो ऑफ़िस में एक टीम बनायी गयी जो भारत और द अफ्रीका के टूरिज़्म प्रमोशन की दिशा में काम करेगी।

हम सब क्रूगर नेशनल पार्क जा रहे थे कि मेरे सहकर्मी ने बीजिंग से मुझे फ़ोन किया।

"अंजु मेरे जीजाजी कोरोना के इलाज के लिए जोहानसबर्ग आने वाले हैं–वे अन्तर्राष्ट्रीय ऐम्बुलेंस में मोज़ाम्बिक से आ रहे हैं। उनकी हालत बहुत नाज़ुक है।"

ऐसे फ़ोन तो आते ही रहते थे सो मेरी संवेदना कम हो चली थी। मैं यन्त्रचलित-सी सब इन्तज़ाम करने में जुट जाती थी।

"अच्छा, उनके साथ कौन है? उनका इन्शुरेन्स कवर है कि नहीं...?" मैंने सारे ज़रूरी सवाल कर डाले।

बिमल ने बात काटते हुए बीच में कहा

"तुम्हारी आवाज़ कट रही है। मेरी आवाज़ सुनाई पड़ रही है ?"

"हाँ, अच्छा रुको मैं गाड़ी रोककर बात करती हूँ।"

मैंने ड्राइवर स्टीव को गाड़ी किनारे लगाने को कहा।

"अब कहो, आवाज़ आ रही है ?"

"हाँ, अच्छा सुनो, मेरे जीजाजी हैं–गीता दीदी उनके साथ हैं।
वे लोग मोज़ाम्बिक से नेल्सप्रिट बॉर्डर पर पहुँचने वाले होंगे।
वहाँ से जोहानसबर्ग चार घंटे में पहुँच जायेंगे। तुम
बस उन्हें आईसीयू में एक बेड दिलवा देना।"

"मैं ज़रूर कोशिश करूँगी। क्या उनके पास इन्शुरेन्स कवर है?"

"पता नहीं तुम देख लेना।"

उसने फ़ोन काट दिया।

हो गया हम लोगों का क्रूगर दर्शन!

जब भी मैं क्रूगर आती हूँ–एक न एक विघ्न उत्पन्न हो ही जाता है।

"अच्छा है, क्रूगर में सिग्नल नहीं आयेगा।"

मैंने दुष्टता से सोचा।

"ये सब फ़ोन कॉल से मुक्ति मिलेगी।"

पर अभी तो हम क्रूगर से सौ किमी दूर थे।

थोड़ी दूर जाते ही फिर से फ़ोन आया।

"हेलो बिमल, अब क्या हुआ?"

वह फ़ोन पर रो रहा था।

"अंजु, मेरे जीजाजी की डेथ हो गयी है। वह मिडल ऑफ़ नोव्हेयर हैं–कहीं मोज़ाम्बिक और द अफ्रीका के बीच। दीदी अकेली हैं–ऐम्बुलेंस में।"

"ओह, आई ऐम सो सॉरी। अब क्या करें?"

"दीदी चाहती हैं कि बॉडी को भारत ले जायें और वहीं अन्तिम संस्कार हो।"

"पर कोरोना से मौत होने पर यहाँ की सरकार बॉडी नहीं देगी।"

मैंने वस्तुस्थिति समझानी चाही।

प्लीज़ यार मुझे मदद चाहिए। दीदी और जीजाजी के मृत शरीर को भारत ले जाने में मदद करो मेरी।

"ठीक है मैं कुछ करती हूँ।"

मैंने गाड़ी को तुरन्त मोज़ाम्बिक बॉर्डर की तरफ़ मोड़ लिया। वहाँ से बॉर्डर दो घंटे का ड्राइव था।

बिमल की दीदी मोज़ाम्बिक साइड में गाड़ी के बाहर एक बेंच पर बैठी हुई शून्य में देख रही थीं। मुझे देखते ही रोने लगी। मैंने उन्हें ढाढ़स बँधाया और आगे की कार्ययोजना पर विचार करने लगी।

मैंने इमीग्रेशन के अधिकारियों से बात की। वे काफ़ी देर बाद बॉडी को जोहानसबर्ग ले जाने देने के लिए तैयार हुए।

मैंने भारतीय समुदाय के एक नेता को फ़ोन किया और उन्हें एक कॉफिन का इन्तज़ाम करने को कहा क्योंकि मोज़ाम्बिक इमीग्रेशन की यह अनिवार्य शर्त थी। वे डेथ सर्टिफिकेट और बॉडी को एम्बाम करके ही ले जाने दे रहे थे।

भारतीय नेता ने फ़ोन करके सूचित किया कि कॉफिन लेने में काफ़ी समय लगेगा।

पाँच बजे शाम को बॉर्डर बन्द होना था क्योंकि यह लॉकडाउन का पार्ट था।

मैंने बिमल की दीदी को यह परेशानी बतायी।

"दीदी, कॉफिन का इन्तज़ाम नहीं हो पा रहा है।अब क्या करें?"

"अरे! तुम उसकी चिन्ता मत करो। मैं एक कॉफिन लेकर चली थी ताकि किसी भी स्थिति से निपटा जा सके।"

मुझे अपने जीवन का सबसे बड़ा धक्का लगा।

"हाय रे कोरोना! क्यों ऐसा दिन दिखाया तुमने कि एक पत्नी अपने पति को हॉस्पिटल ले जाते समय अर्थी लेकर चलती है! शायद, उनको पता था कि उनके पति नहीं रहेंगे। कितना भी कोशिश करें दीदी, कोरोना को हराना मुश्किल है।"

हमें कोरोना कैसे हुआ?

जब टेस्ट में मैं और बच्चे कोविड पॉज़िटिव पाये गये, तो थोड़ी देर तक तो मातम मनाते रहे। जब सम्भले, तो सोचना शुरू किया कि आख़िर मुझे ये संक्रमण कहाँ और कैसे हुआ?

बच्चों को तो मुझ से ही हुआ होगा! वे तो बाहर कहीं जा नहीं रहे थे, सो मैं ही उनके लिए वाहक थी।

मुझे सबसे पहले जो ध्यान में आया कि मई और जून में भारत सरकार ने दक्षिण अफ़्रीका में फँसे भारतीयों के लिए कई वन्दे भारत फ़्लाइट का अभियान चलाया था। लोग यहाँ सैर करने आये और फँस गये क्योंकि छब्बीस मार्च से यहाँ लॉकडाउन शुरू हो गया था।

इन जहाज़ों में भारत जाने के लिए दूर-दूर से लोग आते। केपटाउन, डरबन, स्वाज़ीलैंड, ज़िम्बाब्वे, बोत्सवाना और नामीबिया से भी भारतीय हमें सम्पर्क कर रहे थे। वे सब भारत जाना चाहते थे। सर्वसम्मति से यह तय किया गया कि सात-आठ एयर इंडिया बोईंग फ़्लाइट दक्षिण अफ़्रीका के जोहानसबर्ग के ओ. आर. टोंबो अन्तर्राष्ट्रीय हवाई अड्डे से उड़ेंगी। जोहानसबर्ग की कॉउंसल जनरल यानी मुझको ज़िम्मा दिया गया—सारे लोजिस्टिक अरेंजमेंट का।

स्थानीय क़ानून के अनुसार सभी सवारियों को पहले किसी एक जगह पर सामाजिक दूरी का पालन करते हुए जमा होना था। उसे असेम्बली पॉइन्ट कहा जाता था। इसकी भी सहमति सरकार से लेनी पड़ती थी। चूँकि उसके पहले यूके और यूएसए ने अपने नागरिकों को निकालने के लिए अपने अन्तर्राष्ट्रीय स्कूलों को असेम्बली पॉइन्ट बनाया था—हमें भी वही करने का निर्देश था। परन्तु उतना बड़ा कोई भारतीय स्कूल तो जोहानसबर्ग में है नहीं—इसलिए प्रथम बार हिन्दू मन्दिर को असेम्बली पॉइन्ट बनाया गया। लोगों में बेहद उत्साह था। अपने

देशवासियों को उनके गन्तव्य तक सुरक्षित पहुँचाने का जज़्बा था। उनकी सेवा करके पुण्य का भागीदार बनने का मन था। इसके लिए शुरुआती दिनों में सभी भारतीय समुदाय में होड़ मची थी। तब यहाँ की प्रमुख कम्युनिटी संस्था–इंडिया क्लब ने मास्क और खाने की ज़िम्मेदारी ली। उनके कई सदस्य स्वयंसेवक बनकर लोगों की मुफ़्त स्वास्थ्य जाँच आदि भी कर रहे थे। सारा खर्च भी उन्होंने ही वहन किया।

हमें सिर्फ़ वेन्यू, पीपीई किट और बाथरूम की सफ़ाई के लिए खर्च करना था। सबसे पहले वेन्यू को सैनिटायज़ किया गया। सबको मास्क बाँटा गया। साढ़े तीन सौ लोग जा रहे थे। वे कई शहरों से आये थे। असेम्बली पॉइन्ट पर मेला सा लगा हुआ था।

काउंसल जनरल होने के नाते मुझे सारी व्यवस्था देखनी थी। लोगों के रजिस्ट्रेशन, टिकट, स्थानीय सरकार द्वारा दिये गये डेक्लरेशन फार्म, कोविड टेस्टिंग आदि के बाद लोगों को बसों में बिठाना था।

सब लोग बस में बैठकर राजदूत महोदय का इन्तज़ार करने लगे। निर्धारित समय पर राजदूत महोदय आये और उन्होंने तिरंगा हिलाकर पहली बस को रवाना किया।

हवाई अड्डे पर भी मेरी ड्यूटी लगी थी। साउथ अफ़्रीकन एयरलाइंस को सारे पैसेंजर की लिस्ट, उनकी कोरोना टेस्टिंग फार्म आदि देने थे।

राजदूत महोदय पन्द्रह मिनट में झण्डा हिलाकर चले गये, पर मुझे असेम्बली पॉइन्ट और हवाई अड्डे पर क़रीब आठ घंटे रुकना पड़ा। कई लोग भावुक हो रहे थे। वे हमें धन्यवाद कहना चाह रहे थे। बूढ़ी औरतें सारा प्रोटोकॉल भुलाकर मुझे गले लगा रही थीं। वे रो रही थीं।

बड़ा ही भावुक क्षण था। लगभग तीन महीने अवैध रूप से दक्षिण अफ़्रीका में रहने के बाद वे अपने देश, अपने वतन वापस जा पा रहे थे।

हमने कई विशेष केस के साथ फ़ोटो खिंचवाया और ट्विटर व फ़ेसबुक पर अपलोड किया–यही तो फ़ैशन है और यही हमें निर्देशित था–हर छोटी से छोटी बात को फ़ेसबुक के ज़रिये दुनिया को बताना। सो हमने वही किया।

कहीं इस दौरान तो मुझे कोरोना नहीं हुआ?

मैं तो पीपीई किट और मास्क पहनी हुई थी, तब कैसे इन्फ़ेक्शन होता! हाँ कई लोगों ने अपने महान हेल्पफुल व तारनहार सीजी (मेरे साथ) के साथ सेल्फ़ी

लेना चाहा था–पर उनके लाख कहने के बावजूद मैंने चेहरे से मास्क नहीं हटाया था–तब मुझे कैसे कोरोना हो सकता है?

इसी तरह की कवायद कई बार हुई।

बारह बार! कोविड इन्फ़ेक्शन इस दौरान हो सकता है और नहीं भी हो सकता है–पर उसकी सम्भावना से इनकार नहीं किया जा सकता।

दूसरी सम्भावना हो सकती है कि मेरे घर पर आयोजित रुद्राभिषेक कार्यक्रम के दौरान हम लोग कोविड संक्रमित हो गये हों। पर, मैंने उस वक्त तो केवल ऑफ़िस के लोगों को बुलाया था। केवल तीन औरतें मेरी महिला मित्र उपस्थित थीं–और वे तीनों लगातार मास्क लगाये हुए थीं।

मेरे ऑफ़िस के अधिकांश लोगों ने सोशल डिस्टेन्सिंग को फ़ॉलो किया था। मुझसे तो कोई भी नहीं मिला क्योंकि उस दिन मेरा निर्जल उपवास था–लोग दूर-दूर से ही पूजा कर रहे थे। पर कनुप्रिया और शालिनी को यही सम्भावना प्रबल लग रही थी इसलिए उन्होंने मुझ से फ़ेसबुक से रुद्राभिषेक के फ़ोटो हटाने के लिए भी कहा। मैंने फ़ोटो हटा दिया पर मुझे शिव की शक्ति पर सन्देह नहीं था–न तो सन्देह करना चाहिए था। हम सब तो भक्ति भाव से सामाजिक दूरी का पालन करते हुए पूजा कर रहे थे–और भगवान शिव ने हमें आशीर्वाद की जगह कोरोना का श्राप दे दिया होगा! कदापि नहीं!

जैसा कि सबको पता था कि ऑफ़िस में एक लोकल स्टाफ़ जेन, सबसे पहले कोविड पॉज़िटिव पायी गयी थी। जिस दिन वह ऑफ़िस आयी थी–उस दिन भी उसे सिर और गले में दर्द था और वह बुख़ार होने की भी शिकायत कर रही थी। वह मार्केटिंग असिस्टेंट थी और शालिनी की सहायक।

शालिनी के कमरे में जब उसने खाँसते हुए टाइप करना शुरू किया तो शालिनी चौकन्नी हो गयी! थोड़ी देर बाद वह घबरायी-सी मेरे कमरे में आयी और मुझसे कहने लगी 'मैडम, मैंने उसे जल्दी चले जाने को कहा, फिर भी नहीं जा रही है। अब आप उसे ऑफ़िस से जल्दी भगाइए नहीं तो हम सबमें संक्रमण फैलेगा।'

मैं बाहर आयी और जेन को बुलाया और पूछा कि जब सबको कहा गया है कि किसी को भी कोविड के लक्षण दिखें तो वे ख़ुद को आइसोलेट कर लें और ऑफ़िस को सूचित करें, ऑफ़िस आने की ज़रूरत नहीं है तो तुमने हमें क्यों नहीं बताया और लगातार ऑफ़िस क्यों आ रही हो?

जेन रोने लगी।

उसने बताया कि उसे पता है कि उसे कोविड हो सकता है, पर हॉस्पिटल में इतनी भीड़ है कि वह नहीं जा सकती। अकेले तो बिल्कुल नहीं।

दूसरे, वह रो रही थी कि उसके पास पैसे नहीं हैं कि वह टेस्ट व इलाज करवा सके। भारत के कॉन्सुलेट ऑफ़िस में वह काम करती है तो ऑफ़िस को उसके मेडिकल और आइसोलेशन का खर्च वहन करना चाहिए जैसे कि दक्षिण अफ्रीका में कई कारपोरेट और सरकार ने किया है।

मुझे ग़ुस्सा आ गया था। एक तो इन लोगों को स्थानीय संस्थाओं की तुलना में भारत सरकार द्वारा अधिक सैलरी दी जाती है–पर जब भी पूछो तो इनके पास अपने इलाज या ट्रांसपोर्ट के लिए पैसे नहीं होते! सब इनकी चाल है–वैसे तो बुलाने पर भी ऑफ़िस नहीं आते, कितने मनगढ़ंत बहाने बनाते हैं–पर जब इसे सन्देह है कि इसे कोविड है तो जान-बूझकर इन्फ़ेक्शन फैलाने आ गयी! और अब बहस कर रही है।

हम सबने उसे ज़बरदस्ती वापस भेजा। परन्तु, उसके आमने-सामने हम दोनों शालिनी और मैं क़रीब आधे घंटे तो होंगे ही। शालिनी इसके पहले भी संक्रमित हो गयी होगी क्योंकि जेन और शालिनी एक ही कमरे में बैठते थे–और शालिनी मेरे कमरे में कम-से-कम एक घंटे तो रोज़ ही बैठती होगी।

हाँ, हम लोग हमेशा मास्क पहने रहते थे। तो हो सकता है कि शालिनी को जेन से और मुझे शालिनी से संक्रमण फैला हो।

पर कनुप्रिया सबसे पहले संक्रमित हुई। तो उसको किससे संक्रमण मिला?

कनुप्रिया कहती थी कि हम तीनों को संक्रमण अलग स्रोतों से हुआ है। उस दिन कनुप्रिया मेरे पड़ोसी डॉक्टर बक्स के यहाँ मेरे साथ गयी थी। सारे धन्धे बन्द थे पर डॉक्टरी का धन्धा चमक रहा था। डॉक्टर बक्स बहुत व्यस्त रहते थे। परन्तु मुझे घर में ही चेकअप करने को तैयार हो गये। प्रारम्भिक जाँच और ख़ून आदि के रिपोर्ट के बाद उन्होंने बताया कि मेरा हार्मोन लेवल बहुत लो हो गया है–और मुझे तुरन्त सप्लीमेंट लेने चाहिए।

उस दिन डॉक्टर साहब का प्लान था कि मुझे विटामिन और दूसरे ज़रूरी विटामिन को ग्लूकोस के साथ चढ़ा दिया जाये तो कोरोना से बचाव हो सकेगा।

मुझे सुई से बहुत डर है–इसलिए कनुप्रिया जी को रिक्वेस्ट करके अपने साथ ले गयी थी। वहाँ सौहार्दपूर्ण वातावरण में हम दोनों का स्वागत किया गया।

मिसेज़ बक्स-फ़ातिमा जी ने जब तक हमें जूस पिलाया तब तक डॉक्टर साहब ने मुझे सेलायन चढ़ाने की सारी तैयारियाँ कर लीं।

जब मेरा सेलायन चढ़ रहा था तब फ़ातिमा जी ने मेरा उत्साह बढ़ाने के लिए उत्साहपूर्वक बताया कि वे लोग हरेक सप्ताह विटामिन-सी के शॉट्स ले रहे हैं–जिससे कोविड से बचे रहें।

मैंने दो सप्ताह बाद दुबारा सेलायन चढ़वाने का वादा किया।

फ़ातिमा और भी उत्साहित हुई और बताने लगीं कि ये चढ़वाना अब आम बात हो गयी है। अभी परसों ही डॉक्टर साहब की तबीयत बहुत नासाज़ हो गयी थी–तब फ़ातिमा ने ही उन्हें सेलायन चढ़ाई थी।

कनुप्रिया के कान खड़े हो गये। चौकन्नी हो कर पूछा–'क्या हुआ था इन्हें?'

'बुख़ार और कमज़ोरी थी–इसलिए मैंने उन्हें विटामिन चढ़ा दिया।'

तब तो कनुप्रिया ने कुछ नहीं कहा पर वापस मेरे घर आकर अफ़सोस करने लगी कि बेकार उनके यहाँ गये! उन्हें कोरोना हुआ होगा तो? क्योंकि बुख़ार और कमज़ोरी तो इसी के लक्षण हैं।

उसके बाद जब हमें कोविड कन्फ़र्म हुआ तो कनुप्रिया क़तई मानने को तैयार न थी कि डॉक्टर बक्स के अलावा किसी और से हमें संक्रमण फैला होगा!

बड़े दिनों बाद जब मैं लगभग ठीक होने लगी थी–शायद सातवें दिन तो डॉक्टर बक्स का हाल-चाल जानने के लिए फ़ोन आया तब मैंने बताया कि मुझे कोविड हो गया है। अच्छी दोस्त और पड़ोसन की तरह फ़ातिमा ने पूछा कि कुछ मदद चाहिए तो निस्संकोच बताना।

मैंने उन्हें आश्वस्त किया पर भगवान की कृपा से नौबत नहीं आयी की उन्हें तकलीफ़ दी जाये।

हाँ, मुझे कोविड होने के लगभग पन्द्रह दिन बाद मैंने अपनी कमज़ोरी दूर करने के लिए दुबारा विटामिन शॉट्स लेना चाहा और डॉक्टर बक्स को फ़ोन किया तब पता चला कि उन्हें और फ़ातिमा को कोविड हो रखा है और वे लोग अभी किसी से नहीं मिल रहे।

मैंने कनुप्रिया को फ़ोन किया और बताया कि डॉक्टर बक्स को अभी कोविड हुआ है–पहले नहीं। इसलिए उनका अनुमान कि डॉक्टर बक्स से हमें कोविड संक्रमण हुआ–ग़लत था। उस दिन जब हम डॉक्टर बक्स के घर गये थे तो उनकी जिस कमज़ोरी का ज़िक्र फ़ातिमा ने किया था–वह सामान्य बुख़ार और फ़्लू ही रहा होगा।

शालिनी ने एक दूसरी सम्भावना की ओर संकेत किया कि हमें सुबह की सैर के दौरान कोविड हुआ होगा। लॉकडाउन के तीसरे सप्ताह में दक्षिण अफ्रीका की सरकार ने स्वास्थ्य व फ़िटनेस को ध्यान में रखते हुए लॉकडाउन कर्फ़्यू में सुबह तीन घंटे की ढील दी थी–उस दौरान किसी को भी मास्क पहनकर वॉक, जॉगिंग, साइक्लिंग आदि करने की छूट थी। बाद में यह समय-सीमा थोड़ी बढ़ा दी गयी। सबको बाहर टहलते देखकर हमें भी उत्साह आया और हम भी अपने सिक्योरिटी गार्ड के साथ बाहर टहलने जाने लगे। मोबाइल ऐप भी डाउनलोड कर ली जिससे हमें तय की गयी दूरी पता चलती रहती थी। कभी-कभी कनुप्रिया भी हमारे साथ आ जाती थी क्योंकि उनका घर मेरे घर से सिर्फ़ एक किमी की दूरी पर था।

कुछ दिन हम सिर्फ़ धीरे-धीरे टहलते रहे। लगभग महीने भर बाद हमारा शरीर प्रतिदिन दस किमी तक की दूरी के लिए एडजस्ट हुआ। हमने तब जॉगिंग करने की सोची। इसके प्रेरणा स्रोत थे–टाटा ग्रुप के पूर्व सीईओ मोहन जी। वे 75 साल की उम्र में भी चुस्त-दुरुस्त थे और वे छह किमी स्लो जॉगिंग करते थे। वे अक्सर हमें हॉटन ड्राइव रोड पर मिल जाते–मुझे लगा कि इतनी उम्र के बावजूद वे दौड़ रहे हैं और मैं बुढ़िया की तरह धीरे-धीरे रेंग रही हूँ–और तब मैंने भी रोज़ाना छह किमी जॉगिंग करने की सोची। इस प्रकार रोज़ क़रीब पन्द्रह- सोलह किमी कवर होने लगा। जब स्पीडॉमीटर ऐप दिखाता कि आज आठ किमी जॉगिंग हुई है–तो मैं ख़ुश हो जाती और सगर्व अपने ड्राइवर व स्टाफ़ को बताती! वॉक के दौरान हमारी जागर्ज़ टाइप कई दोस्तियाँ भी हो रही थीं–कई लोगों से हमारा परिचय बढ़ रहा था। हम सारे एवेन्यू के चक्कर लगाते। कभी-कभी तो हम नेल्शन मंडेला फ़ाउंडेशन तक जॉगिंग करते हुए पहुँच जाते। मैं वहाँ हाँफते हुए ठिठककर सोचती कि–काश मैं सात-आठ साल पहले जोहानसबर्ग में पोस्टिंग लेती तो मडिबा के साथ जॉगिंग करती (मंडेला जी को लोग यहाँ प्यार से मडिबा कहते हैं) या फिर वे वॉक करते हुए मुझे रास्ते में मिल जाते और हम एक-दूसरे से ग्रीटिंग एक्सचेंज करते। कितना मज़ा आता।

जब मैंने अपनी कल्पना की उड़ान अपनी एक मित्र छवि को बताया तो उसने कहा कि रोज़बैंक में जहाँ वह रहती है–वहाँ राष्ट्रपति रामाफ़ोसा उसे अक्सर वॉक करते हुए मिल जाते हैं–और वे अपने सुरक्षाकर्मियों से घिरे होने के बावजूद सारे जागर्ज़ को वेव करते हैं। यह सुन कर प्रत्यक्ष में तो मैं मुस्कुराती रही पर अन्दर ही अन्दर ईर्ष्या से जल-भुन गयी।

तो कल्पना और सच में इतना साम्य भी हो सकता है!

हमें राष्ट्रपति जी तो नहीं पर कई अच्छे लोग मिल जाते और हम लोग गरमजोशी से गुड मोर्निंग का जाप करते हुए तेज़ी से हाथ हिलाते हुए निकल जाते।

हाउटन पॉश रिहायशी एरिया है—अधिकांश या तो भारतीय अमीर या फिर गोरे लोग यहाँ बसते हैं।

हम रोज़-रोज़ क़रीब उन्हीं लोगों से टकरा जाते थे, जो यहाँ रहते थे। जैसे एक गोरी लड़की—जो शायद डाउन सिंड्रोम से ग्रसित थी—रोज़ ढलान पर साइकिल चलाती हुई दिख जाती। दो सुन्दरियाँ टिप-टॉप होकर बस एकाध किमी चलती और लॉकडाउन के नियमों को धता बताते हुए किसी पुलिया पर बैठकर गप करती हुई मिलतीं। हमें देखकर ये चौड़ी मुस्कान बिखेर देतीं।

एक गुमटी वाला जिसके पास कनुप्रिया ने मेरे लिए धनिये की चटनी रखवाई थी कि वापसी में ले लेंगे—वह जान चुका था कि मैं यहाँ भारत की काउंसल जनरल हूँ—वह रोज़ मुझसे बात करने की फ़िराक़ में रहता। मैं भी उससे अच्छे से बात करती, कभी-कभार उसकी गुमटी पर चाय पी लेती।

फ़िफ़्थ एवेन्यू में ज़ेड प्लस सिक्योरिटी वाले एक महलनुमा घर के आगे लाल बत्ती में कोर्टेक्स सिक्योरिटी की गाड़ी लगी रहती। क़रीब दस सिक्योरिटी मैन मशीनगन से लैस मुस्तैदी से ड्यूटी पर चौकन्ने खड़े मिलते। मैं उन्हें देखकर थर-थर काँपने का नाटक करती और वे खिलखिलाकर हँस देते। वे सब मेरे परिचित हो गये जो धीरे-धीरे मेरे मॉर्निंग वॉक के साथी बनते चले गये। इन सब से रुक कर मैं बतिया लेती और तब आगे बढ़ जाती।

शालिनी ने शंका जाहिर की कि हो न हो इन्हीं में से किसी से आपको और कनुप्रिया को कोविड हुआ और फिर आप से मुझे। मैं उसकी बात को बेबुनियाद मानती—क्योंकि पूरे समय हम लोग मास्क पहने होते थे। अगर उनसे मुझे कोविड हुआ तो वे अब तक क्यों वॉक कर रहे हैं और मैं क्यों आइसोलेशन में हूँ।

फिर एक थियोरी आयी कि हम सबको शायद शॉपिंग के दौरान कोविड पकड़ा हो।

'कैसे? वहाँ भी तो हम मास्क पहने रहते थे—मॉल के भीतर जाते वक्त हाथों में सैनिटाइजर लगाते और बाहर निकलते वक्त भी। सारे लोग ऐसा ही करते थे—तो शॉपिंग में हमें कोविड कैसे हो सकता है?' मैं प्रतिरोध करती।

जितने मुँह : उतनी बातें, उतनी ही हम महिलाओं को शक करने की प्रवृत्ति– सब यह दिखाना चाहती थीं कि दूसरे की लापरवाही के कारण ही उन्हें कोरोना का दण्ड भुगतना पड़ा।

डॉक्टर लाख कहें कि कोरोना ऐसा विषाणु बन चुका है कि हवा से भी किसी को भी कही भी हो सकता है–हम इसे मानने को तैयार न थे। आरोप-प्रत्यारोप का दौर चला पर यह सिद्ध न हो सका कि हमें कोरोना कैसे हुआ–सबसे पहले मुझे हुआ और मुझसे बाक़ी लोगों को फैला कि दूसरे लोगों के द्वारा मुझे ये अनुपम भेंट दी गयी।

ख़ैर, अन्त में हम सबने गुप्त रूप से विचार कर यह मान लिया कि हमें वन्दे भारत फ़्लाइट भेजते समय–सरकारी ड्यूटी के दौरान ही कोरोना हुआ होगा। यह बताने में भी अधिक सम्मानजनक था। इससे किसी पर आरोप या शक नहीं होता था–बल्कि गर्व होता था कि भारत माता की सेवा करते हुए हम कोरोना के शिकार बने।

❑❑